ムバラク体制の打倒をさけびタハリール広場を埋め尽くすエジプト市民(2011年2月1日)

トルコのAKP（公正発展党）党首エルドアン
AKPの政策はアラブ民衆革命後の国家政策の模範とされている。

国旗を掲げてデモをおこなう女性たち（2011年2月20日）
モロッコでも民主化を求める声が広がった。国会議員選挙（2011年11月）でイスラーム政党「公正開発党」が第一党になった。

イエメンの「アラブの春」
サレハ大統領は辞任に追い込まれ，2012年2月25日ハディ新大統領が就任した。

カダフィー体制打倒をめざす市民（ベンガジ，2011年3月4日）
リビアでは42年間にわたる長期独裁政権が崩壊した（2011年10月カダフィー殺害）。旗は王制時代のもの。

ゼネストを宣言し，アルジェ市内をデモ行進するFISメンバー（1991年5月25日）
腐敗した旧体制(曲がった釘）を倒し(引っこ抜き)，イスラーム体制(コーラン）への移行が意思表示されている。アルジェリアのイスラーム主義勢力と軍・体制との暴力的衝突がこのころから始まり，翌1992年から両者の対立は内戦状況に陥った。

イスラームを知る

11

原理主義の終焉か

ポスト・イスラーム主義論

Kisaichi Masatoshi

私市正年

原理主義の終焉か　ポスト・イスラーム主義論　目次

コラム

監修：NIHU（人間文化研究機構）プログラム　イスラーム地域研究

「アラブの春」の衝撃と歴史的意義

一四〇〇年もの長いイスラームの歴史でこれに匹敵する衝撃的なできごとが何回、あっただろうか。中世におけるアッバース朝革命や十字軍の襲来、近代におけるナポレオンのエジプト遠征、現代におけるイラン・イスラーム革命などはそれなりに重大な歴史的できごとであるが、二〇一一年一月のチュニジアのジャスミン革命、二月のエジプトの民衆革命、これに続くアラブ諸国の変革は、政治や社会の仕組み、思想や価値観に与える影響などの点でそれらよりもより歴史的な意義が大きいといえないだろうか。何しろ、西欧のデモクラシーと共存できないとされてきたイスラーム世界において、宗教よりも、自由・人権・人間の尊厳が重視される政変が起こったのだから。だからこそ「アラブの春」[1]の衝撃は大きいのである。

では、何が起こったのか。一言でいえば、二十世紀後半の世界史における中心的役者であったイスラーム主義(イスラーム原理主義)が後退し、イスラーム諸国における新しい政治的・社会的・文化的潮流＝秩序(ポスト・イスラーム主義)が形成された、ということで

[1] 1968年チェコスロヴァキアで起こった政治的民主化や経済的自由化などを要求した運動「プラハの春」にならい，西欧社会で，チュニジア・ジャスミン革命以後のアラブ政変を総称して呼ぶようになった名称。

ある。

二〇一〇年十二月十七日、チュニジア中南部の町スィディ・ブー・ズィードで露天商の青年が抗議の焼身自殺をした。これを機に政府に対する抗議運動はうねりのようにチュニジア全土に広がり、ついに翌年一月十四日、ベン・アリー大統領がサウディアラビアに亡命し、二三年間、維持されてきた強権的な独裁体制が崩壊した。

この政治的変革は「ジャスミン革命」(ジャスミンはチュニジアを代表する花)と呼ばれている。一九八九年十一月チェコスロヴァキアで市民がデモや集会などによって共産党の独裁体制を倒した「ビロード革命」にならったもので、市民の力による独裁体制の打倒を意味している。東ヨーロッパではその直前、「ベルリンの壁」が崩壊し、一気に民主化が進んだ。チュニジアの革命の進展にはなお乗りこえなければならない山がいくつもあることが予想されるが、既成の政党や宗教勢力の力によってではなく、市民の力による、非暴力の革命は、中東にまったく新しい政治変革を引きおこしたといえよう。

チュニジアの革命はエジプトに飛び火し、二〇一一年二月ムバラク大統領を退陣させ、さらに十月リビアでは革命派によってカダフィー体制が崩壊した(カダフィーの殺害)。その勢いはイエメンやシリアなどアラブ諸国全体に波及している。

ところがその後の政治的展開とともに、識者にも一般社会のなかにもこの政変の意義に対する誤解が広がりつつある。チュニジアでは二〇一一年十月二十三日、制憲議会選挙がおこなわれ、イスラーム政党「ナフダ党」が二一七議席中の八九議席を獲得して第一党となった。エジプトでも二〇一一年十一月末から一二年一月初めまで三回に分けておこなわれた人民議会選挙において、ムスリム同胞団系の「自由公正党」がおよそ四八%(四九八議席中、二三五議席)の議席を獲得して第一党の地位についた。すでにモロッコでも十一月二十五日の国民議会選挙で穏健派イスラーム政党「公正開発党」が三九五議席中、一〇七議席を占め、モロッコ史上はじめてイスラーム系政党が政権を担うことになった。かくて識者も世論も、やれイスラーム原理主義政権の誕生、やれ反西欧的イスラーム復興、やれシャリーア(イスラーム法)の復活などと、「アラブの春」の行方に対し、警戒心をまじえた議論を始めるようになった。だが、待ってほしい。そもそもチュニジアから広がったアラブ政変がなぜ起こったのか、いかにして独裁政権を倒したのか。その背景と理由を正しく分析すれば、上述のような理解と解釈にはいたらないはずである。

これまで、中東のアラブ諸国だけでなく、イスラーム諸地域の政治運動と社会運動において、つねに中心的な役割をはたしてきたのはイスラーム主義運動組織であった。エジプトのムスリム同胞団であり、アルジェリアのFIS(イスラーム救済戦線)であり、最過激派はアル・カーイダとビン・ラーディンである。研究者はこれに注目し、分析を続けてきた。しかしイスラーム主義運動は、一九八〇年代末に頂点に達したが、九〇年代は体制との闘争（しばしばテロリズムをともなった）および内部対立に陥ってしまい、結局彼らの目標は実現されなかった。さらに二十一世紀は「九・一一」テロ事件に代表されるグローバル・テロリズムの時代に遭遇した。その結果明らかになったことは、シャリーアにもとづく国家建設をめざした政治運動の非現実性ではなかったのか。シャリーアを政治制度の実定法とすることに、矛盾があることが証明されたのではなかったのか。この過程でイスラーム主義運動とそれに対するムスリム（イスラーム教徒）の認識に根本的に変化が起こったのではないのか。「アラブの春」は、それを象徴する政変ではないのか。中東政治の専門家やイスラーム研究者が今政変を予想できなかったのはこの変化に気づかなかったためではないのか。

本書では、以上のような問題意識から、一九六〇年代のナショナリズムの後退から、八〇年代のイスラーム主義（イスラミズム）の勝利までを前史として概略を記述した後、九〇年代のテロリズムと内戦の時代から、二十一世紀のアル・カーイダによるグローバル・テロリズムへといたる過程を、イスラーム原理主義の終焉とポスト・イスラーム主義（ポスト・イスラミズム）の時代への過程として理解、詳述し、それを踏まえつつ「アラブの春」の歴史的背景と意味を明らかにしたい。

ところで本論のテーマであるイスラーム主義やイスラーム原理主義という言葉は、あたりまえのように使われるが、その意味については必ずしも研究者間で同意がえられてはいない。イスラームと政治との関係について、重要な論点はイスラーム法（シャリーア）が政治体制の土台になるかならないか、という問題である。この問題は本論の根本にかかわることなので以下のように用語を分ける。すなわちイスラーム主義（イスラーム原理主義[2]）運動とは、現代においてイスラーム法（シャリーア）にもとづく国家を建設しようとする政治運動（多くは社会運動、文化運動をともなう）をさし、シャリーアにもとづく国家建設を主張しない広い意味での政治運動（トルコのＡＫＰなど）をイスラーム運動と呼ぶ[3]。両者を含む場合はイスラーム政治運動という言葉を使う。

[2] 原理主義（ファンダメンタリズム）についてはキリスト教原理主義に由来すること，戦闘性の含意が強いことなどから研究者はこの用語を避ける傾向があるが，本書では一般に普及しているイスラーム原理主義を，イスラーム主義と同じ意味で用いる。

[3] この問題は，本論のテーマであるポスト・イスラーム主義論にも関係している。すなわちアラブ政変後，第一党になったチュニジアのナフダ党，エジプトの自由公正党，モロッコの公正開発党などはみな，シャリーアにもとづく国家建設を主張しないイスラーム政治勢力であり，トルコのAKP（公正発展党）と同じく，イスラーム主義組織（政党）ではなく，イスラーム運動組織（政党）である。

第1章　イスラーム主義の支配

宗教による近代性への挑戦

　おそらく近代とは、西欧が生み出した近代性（モダニティ）の価値や思想に支配された時代をさすのだろう。この近代性は、科学技術、合理主義、世俗主義、進歩思想などを基本とし、個人主義、「モノ」や情報の自由流通、大量生産と大量消費という現象をともなっていた。さらに、宗教の政治や社会との関係では、十九世紀以降の近代思想は、西欧による植民地支配下に公的領域だけでなく、私的領域からも宗教を後退させていった。脱宗教現象である。

　ところがイスラーム諸国においては、二十世紀後半、とりわけ一九七〇年代から、クルアーン（コーラン）を拠り所にしながらイスラーム国家を主張し、神の大義のためのジハード（聖戦）を要求して都市の住民のなかから戦闘員を集める政治集団が急激に成長した。

　彼らの突然の発展に対し、最初は不可解さと驚きがいりまじった感情が社会をおおった。

左翼の知識人にとって、彼らはファシズムの宗教的変形と映った。一方、リベラリストにとっては、中世的な宗教的ファナティズム(狂信主義)に思えた。その後、これらの運動が重要性をますにつれて、疑いの余地がないと信じられていた近代性の価値が、再検討を要求されることになった。それとともに彼らに対する多くの混乱した批評が出始めた。一方で、彼らはマルクス主義が失った大衆的基盤を獲得し、社会的正義を代表するものという見方があらわれた。他方、彼らは道徳的秩序や不信仰者(共産主義者や社会主義者)への敵対を主張していると評価された。そして、多くの人びとは彼らへの激励と経済的援助を惜しまなかった。

たしかに一九七〇年代から九〇年代はイスラミスト(イスラーム主義者)が演出した劇的な時代であったが、九〇年代半ばからイスラーム主義運動は急進化し、国家権力との衝突や運動内部の対立によって崩壊していった。なぜイスラーム主義運動は挫折したのか。驚異的なエネルギーを示したイスラミストのイデオロギーと動員力の衰弱は何を意味しているのか。二十一世紀の新時代を特徴づける情報革命とグローバリゼーションに直面して、ムスリム諸国はどこに向かっているのか。まずこれらの変化の過程のおおまかな見取図をつくることから始めよう。

ナショナリズムの後退　一九六〇年代

一九六〇年代はほとんどのアラブ諸国が独立を達成し、希望に満ちた時代であったが、希望に陰りが見え始める時代でもある。十九世紀から広がるアラブ・ナショナリズムの波は、二十世紀にはいると独立運動とも結び付き、激しい政治運動として発展した。とりわけ第二次世界大戦後にはナショナリズムは国民国家の思想の土台として重視され、各国を独立させる原動力となった。

ナショナリズムは民族のアイデンティティー構築という側面をもっている。アラブ諸国家の場合、基本的に言語・文化としてのアラブ性と宗教としてのイスラームという二つの要素を共有しているが、両者が外から一緒になってはいってきた北アフリカのマグリブ諸国(西アラブ諸国)の場合、両者を非分離とする傾向がマシュリク諸国(東アラブ諸国)よりも強いようである。

アルジェリアでもエジプトでも、他のアラブ諸国でも、ナショナリズム運動の政治的・軍事的な指導者層は、植民地支配下で西欧的な教育を受けた世俗主義的な志向のナショナリストが中心であった。彼らが植民地権力と闘い、勝利をおさめたのであり、したがって独立後の国家運営は彼らによって担われ、彼らの政権は批判を許さぬ正統性を有していた。[1]

ところが一九六〇年代に内側からその正統性をゆるがすさまざまな変化が生じていた。

[1] その代表的な例が，フランスとの激しい武装闘争を勝利に導いたアルジェリアのFLN(民族解放戦線)である。その戦闘員も，世俗主義的社会主義者(アイト・アフマド)，イスラーム改革主義者＝サラフィー主義者(タウフィーク・マダニー)，アラブ・イスラーム的社会主義者(ベンベラ)など多様なイデオロギーの持ち主から構成されていたが，主力は世俗志向の強い人たちであった。

第一に独立運動、民族運動は社会主義の影響を強く受けており、独立後はソ連型社会主義である、重工業化、計画経済、土地の国有化・公有化などの政策が進められた。しかし、劣悪な製品は市場では国際競争に勝てず、多くの工場が操業中止か、民営化に転じざるをえなかった。第二に都市化と農村から都市への人口移動により、都市人口が爆発的に増加した。

この結果、経済は破綻し、多数の失業者を生んだ。一九六〇年代、マルクス主義は国家体制を批判、反体制のイデオロギーとして脚光をあびたが、他方で体制によるマルクス主義者の弾圧、攻撃も強まった。かくてエジプト共産党は分裂・解散し(一九六〇年代)、シリア(一九六三年)、モロッコ(一九六〇年)、チュニジア(一九六二年)などの共産党は政府の統制下におかれるか、あるいは非合法化された。

一九六七年の第三次中東戦争におけるアラブの敗北は、世俗主義的なアラブ・ナショナリズムに甚大なダメージを与えた。というのも、アラブ諸国はアラブ・ナショナリズムのカリスマ的指導者ナセルを中心に団結したにもかかわらず、イスラエル軍に無残な敗北を喫したからである。ナセルのアラブ・ナショナリズムも無敵ではなかった。国内的にはかつて民族を独立へと導いたナショナリストの国家指導者は、いつのまにか、腐敗と汚職にまみれた独裁者へと変貌していた。こうして世俗主義的ナショナリズムへの信頼は急速に失われていった。

イスラーム主義者とマルクス主義者の主導権闘争　一九七〇年代

エチエンヌやケペルら[2]によれば、一九七〇年代は近代性が挫折し、歴史の転換期にあたる。六〇年代以降、アラブ諸国では、工業化、近代化政策が推進されたが、たいていは失敗した。失業、政治的自由の抑圧、富や地位の社会的不平等、腐敗という諸問題がしだいに顕在化し、さらに日常の生活の場には飲酒、売春、麻薬、エゴイズム、家族の崩壊という諸問題が切実な課題として侵入してきた。そして、それらの原因を近代性の責任とする考えも一部のイスラーム主義者のなかにあらわれつつあった。

一九七〇年代にはいり政治的・経済的な政策の失敗もあって世俗的ナショナリズム政権への信頼が失われていくとともに、反体制的運動が活発化し、その先頭に立ったのがマルクス主義勢力であった。そこで体制は、マルクス主義勢力を弱めるために、その対抗勢力としてイスラーム主義者の活動への優遇政策をとった。モスクが建設され、宗教指導者の養成が積極的に勧められ、学校での宗教活動が大目にみられた。

この潮流に拍車をかけたのが一九七三年十月の第四次中東戦争とその後の石油危機である。アラブ軍はまたしてもイスラエル軍に敗北したが、石油を持ち出し、イスラエルと西

2　B. エチエンヌ(1937 ～ 2009)はフランスの政治学者。G. ケペル(1955 ～　)はフランスの高名な社会学者。

欧諸国のあいだにくさびを打ち込み、政治的には勝利したのである。[3] 石油価格は高騰し、アラブ産油国は巨額の外貨収入をえた。産油国にはアラブ諸国から敬虔《けいけん》な青年たちが教師や宗教指導者として集まり、多額の賃金を獲得した。都市には失業者や貧困者のスラム街が形成されていたが、国家の福祉政策は遅れ、そこに支援の手を差し伸べたのがモスク建設や慈善活動やイスラーム教育などにかかわったイスラーム主義者であった。彼らの活動資金は石油の富からもたらされていたのである。こうして都市スラムの住民たちがイスラーム主義者の連帯のネットワークに包みこまれていった。

爆発的な人口の増加により、都市に人口が集中したが、国家はこれに対し大学の定員をふやすことで対応した。しかしそのため教室にはいりきれない学生や、本も買えず授業や試験対策も十分できない学生が急増した。イスラーム主義者たちは、こうした学生たちのためにモスクで補習授業をしたり、安い値段で教材を複製コピーしたり、さらには特別のスクールバスを用意して女子学生が安心して登校できるようにもした。これらの活動にも石油の富が使われた。まさしく「石油」イスラームの誕生である。

体制を攻撃したマルクス主義者たちが深刻化する社会矛盾や経済危機に有効な手段を講じられないでいるあいだに、イスラーム主義者の勢力が伸長し、一九七〇年代半ばになると、大学や職場でイスラーム主義者と世俗的なマルクス主義者とのあいだで主導権争いが

3　OAPEC（アラブ石油輸出国機構）が親イスラエルの西側諸国に対して石油禁輸・供給制限をおこない，OPEC（石油輸出国機構）が原油公示価格の大幅な引き上げをおこなったこと。第１次石油危機（オイルショック）とも呼ばれる。

激化し、時には暴力的な衝突に発展することもあった。例えば、七五年の春、アルジェリアのアルジェやコンスタンティーヌの大学で家族法や国会への学生代議員の選出をめぐって衝突があり、さらには教室を礼拝堂にするために占拠したり、西欧風の身なりをした女子学生を攻撃したりする事件もおきた。台頭してきたイスラーム主義運動は、七〇年代末には政治の舞台を支配しはじめた。ついに一九七九年二月、イランで近代化（西欧化）政策をとり続けてきたパフラビー朝が倒され、新たにイスラーム的価値にもとづくイスラーム共和国が誕生した。いわゆるイラン・イスラーム革命であり、その指導者が宗教学者のホメイニであった。

一九七〇年代の最後に、イスラーム世界はその後のイスラーム主義運動の展開に大きな影響をおよぼすもう一つのできごとに遭遇した。ソ連軍のアフガニスタン侵攻である。アフガニスタンでは一九七八年に親ソ派のアフガニスタン人民民主党が軍事クーデタによって政権を奪取すると、これに敵対するムスリムがジハードを開始した。翌七九年には親ソ派政権を支援するソ連軍がアフガニスタンに侵攻したため、これに抵抗する運動は国外のムスリム義勇兵を集めながら拡大し、国際的な武装ゲリラ軍、ムジャーヒディーン[4]（異教徒と戦う聖戦の兵士たち）として組織化された。ムジャーヒディーンの国際的な訓練基地はパキスタンのペシャーワルにおかれた。九〇年代のアラブ諸国におけるイスラーム主義運

[4] アラブ人ムジャーヒディーンの数は，全部で１万2000～２万人という説もあれば，サウディアラビア人だけで１万5000人いたという説もある。保坂修司『オサマ・ビンラディンの生涯と聖戦』朝日新聞出版，2011年，50～51頁。

動の急進化、暴力化にこれらのムジャーヒディーンが重要な役割をはたすことになる。

イスラーム主義の勝利　一九八〇年代

一九八〇年代にはいると、イスラーム主義運動はムスリム諸国全体に広がった。国家中枢における腐敗や汚職の実態が表にでるようになると、ナショナリストの政治指導者はますます専制的になった。またマルクス主義の権威はまったく力を失い、かわってイスラーム主義が政治権力を主張するようになった。イスラミストが説く公正な社会の実現は、宗教的な言説で語られ、具体像が提示されなかったが、腐敗、経済政策の失敗、専制主義、自由の抑圧を痛罵するメッセージ性は未来の理想社会として多くのムスリムを魅了した。

一九七九年、シーア派のイランにイスラーム政権が誕生した。スンナ派アラブの国々でも、たとえ暴力を用いてでも、体制を打倒し、イスラーム国家を樹立しようとする人たちが登場した。これら革命的イスラーム主義者たちは、権力の奪取を先行させ、そののちに社会のイスラーム化を考えたことから、これを「上からのイスラーム化」と呼ぶ。七九年十一月のメッカ襲撃事件[5]、八一年十月のエジプトにおけるサダト大統領暗殺事件[6]、八二年二月のシリアのハマ暴動[7]などである。しかしこれらの革命的イスラーム主義者の挑戦は、ムスリム大衆の支持をえることができず、ことごとく失敗した。

5　1979年11月20日，ジュハイマーン・ウタイビーを指導者とする武装集団がメッカの聖モスクを占拠した事件。サウディアラビア国王をとらえ，マフディー(救世主)を支配する国家をつくろうとしたが，失敗。彼らは投獄後，処刑された。

6　1981年10月6日，軍のパレード観閲中にイスラーム急進派(イスラーム団を中心としたジハード連合)により暗殺。彼がイスラエルと和平条約を結んだこと(1979年3月)がイスラーム急進派の怒りを買ったとされている。

7　1982年2月3日，シリアのハマで起こった虐殺事件。ハマに拠点をおくムスリム同胞団(シリア支部)の反政府運動に対し，アサド体制下のシリア軍が攻撃，少なくとも1万人が殺されたといわれる。軍はその後27日間，町を攻囲した。

武力を用いた革命的イスラーム化の試みの失敗が一九八〇年代初めまでに明らかになったのち、アラブ諸国のイスラーム主義運動の主流は、社会のなかに非暴力の活動によってイスラームの価値や道徳を浸透させていこうとする「下からのイスラーム化」運動となった。

「下からのイスラーム化」でもっとも注目されるのがタブリーグ団（ジャマーア・アル＝タブリーグ）である。タブリーグ（伝道の意）とは、一九二七年、イスラーム学者のムハンマド・イリヤースがヒンドゥー社会のなかで「汚染された」ムスリムを浄化するためインドで創始した組織である。食べ物のとり方、装い方、礼拝の仕方、異性とのかかわり方、教育などさまざまな規程を定め、最終的に社会全体の再イスラーム化をめざしている。その活動を推進するためにムスリムたちは共同体ネットワークをつくる。タブリーグはインド・パキスタン系移民を介して一九七五年頃イギリスやフランスやベルギーなどに伝わり、発展した。

この運動方式はアラブ諸国にも大きな影響を与えた。とくに孤立と疎外のなかで生活していた都市住民たちにとって、この運動は自らのアイデンティティー再構築に役立った。タブリーグの活動は非暴力、非政治を旨としたので、革命的イスラーム主義者とは異なり、国家から寛大な扱いを受けた。国家にとって、彼らは社会の秩序維持に役立つ保守的力となると考えられたのである。

「伝道と宣教の集団《ジャマーア・アル・タブリーグ・ワ・アル・ダアワ》」

　こうしたタブリーグの具体例を一つみてみよう。モロッコのカサブランカにある「伝道と宣教の集団」はいわゆるタブリーグ系組織で、一九六〇年代初めにパキスタン人宣教員（タブリーギー）によってもたらされた。モロッコ支部の正式な設立は、団体として公認が受理された一九七五年七月六日であり、本部はカサブランカのボゼジュール地区にある「アンヌール・モスク」（キリスト教会を購入し、これをモスクとした）におかれている。公認される前は、タブリーギーたちは、カサブランカ市内のアイン・シャック地区のモスクを活動拠点としていた。このモスクは、モロッコのイスラーム主義運動の母体的組織である「イスラーム青年協会」のメンバーもしばしば集まっていたところで、モロッコにおける初期イスラミストたちの拠点の一つであった。[8]

　一九八三年に設立された、カサブランカにある一つのジャマーア（宣教員の集団）の組織はつぎのような特徴をもっている。預言者ムハンマドとサハーバ（教友たち）の生き方を理想とし、それを人びとに伝道することを任務としていた。思想的には諸宗教の合同（エキュメニズム）の立場はとらないが、異なる宗教間の対立の解決案を提示することによって

[8] Mohamed Tozy, *Monarchie et Islam politique au Maroc*, Paris, Presses de Sciences PO, 1999, pp. 259-260.

普遍的概念の重要性を明らかにしようとしている。各都市の宣教員は複数のジャマーアに分かれ（カサブランカには四つのジャマーア）、それぞれが導師（ムルシド）の指導下におかれている。宣教員は毎月、数日間（カサブランカの場合は三日間）、自宅・家族を離れ（この行為をヒジュラと呼ぶ）、モスクで同じ宣教員たちと共同生活を送る。カサブランカの宣教員の場合は、本部のアンヌール・モスクで共同生活を送りながら、共同の食事をとり、祈りと勉強につとめ、宣教活動をおこなう。

組織は政治活動には極めて慎重であり、他のイスラミスト組織と距離をおくようにしている。国家の宗教省の公式宗教行事には協力的で、宗教省主催の夏季イスラーム大学には参加している。社会的実践を重んじているので、宣教員は、毎週日曜日には病院への慰問活動をおこなっている。また国際的なネットワークをもち、インド、パキスタン、ベルギー、フランス、イギリスなどにあるタブリーグ組織と連絡をとっている。

国際的なレベルではつぎの四つを実現することを目標として掲げている。(1)クルアーンの注釈書やハディース（ムハンマドの言行についての伝承）を学び、かつ教えること、(2)他人に奉仕すること、(3)礼拝、(4)多くの人に説教をし、運動への支持と参加をえること。

しかしこのような徹底的な非政治性は、多くの宣教員の不満とするところであり、彼らのなかから他のイスラミスト団体に移る者も多い。したがって、宣教員が絶えず入れ替わっているのが特徴であり、このことは指導者たちの悩みの種になっている。しかし見方を変えれば、この組織が政治志向の活動家の予備軍になっているのである。

イスラーム主義運動の絶頂　一九八九年

一九八〇年代の終わりに「下からのイスラーム化」運動は、共同体的ネットワークに支えられて社会の前面にでてきた。ネットワークは地区全体を統括し、公権力と周辺化された社会集団とのあいだの仲介役をはたした。こうして非政治性を旨としてきた運動は必然的に政治問題に関与するようになった。

一九八七年、パレスティナのインティファーダでは、武装闘争とイスラームの論理（パレスティナをイスラームの聖地と位置づける）による解放をめざすハマース（イスラーム抵抗運動）がムスリム同胞団パレスティナ支部の闘争部門として組織され、世俗主義のPLO（パレスチナ解放機構）にかわってパレスティナ解放闘争のヘゲモニーを握った。ハマースはガザ地区と難民キャンプを拠点に、闘争の活動家の動員、食糧供給、犠牲者の家族や恵まれない人たちへの慈善活動、医療・教育活動などによって急速に支持を拡大した。

一九八九年はイスラーム主義運動がまさに最高潮に達した年といえよう。アル

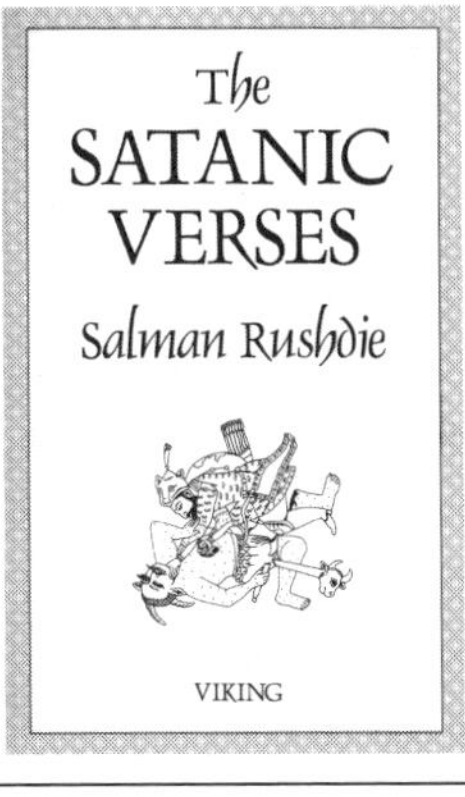

◀『悪魔の詩』　ホメイニが著者ラシュディーに対し，死刑のファトワーを出した『悪魔の詩』の原著(左)と，翻訳者，五十嵐一氏の殺人事件にまで発展したその翻訳書(右)。

ジェリアでは、イスラーム政党ＦＩＳ（イスラーム救済戦線）が結成され、大衆の支持をえたＦＩＳが独立以来のＦＬＮ（民族解放戦線）による一党独裁体制を土台からゆさぶりはじめ、スーダンでは軍事クーデタが勃発し、成立したバシール政権はイスラーム思想家ハサン・トゥラービーを実質的な国家指導者とした。同じく八九年、アフガニスタンでは反政府のムジャーヒディーン勢力が勝利し、ソ連軍が撤退した。

こうしたイスラーム問題は、中東だけでなく全世界にも広がっていた。サルマン・ラシュディーが著した『悪魔の詩』は、一九八九年二月、イランのホメイニのファトワー（法的意見）により、「焚書。著者ラシュディーは死刑」との宣告を受けた（ラシュディー事件）[9]。これを機にイスラームにおける思想の自由や人権問題が国際的関心の的となり、他方で欧米在住のムスリムの宗教的アイデンティティーが強化された。フランス社会でイスラームの高揚を背景にムスリム女性のベール（スカーフ）着用が政治・社会問題になったのもこの年であった[10]。

こうして一九八〇年代末、敬虔なムスリムたちが社会を支配するようになった。彼らは、穏健ではあるが、世俗的な社会を拒否する傾向をもち、世俗的な政治体制との衝突は避けがたかった。

[9] インド生まれで，イギリス国籍の作家サルマン・ラシュディーの小説『悪魔の詩』がイスラームとムハンマドを冒瀆した内容だとして，1989年2月11日，ホメイニが焚書と著者の死刑を認めるファトワーを出した事件。ラシュディーの首には600万ドルに相当する懸賞金がかけられた。日本では『悪魔の詩』の翻訳者，五十嵐一氏（当時，筑波大学助教授）が，1991年7月12日，何者かによって大学構内で暗殺された。

[10] 1989年にパリ郊外クレイユの公立中学校で，ベール（スカーフ）を着用して登校したモロッコおよびチュニジア出身の女子生徒たちに対して，校長がフランスのライシテ原則（公的領域からの宗教の排除）を理由に構内にはいることを拒否した事件。

Column #01

ベール問題

一九八九年十月、フランスで起こった「ベール(スカーフ)問題」のベールは、マグリブ系女性が着用するいわゆるヒジャーブである。ヒジャーブは基本的に髪の毛を隠すだけで顔をおおわない。この問題について、コンセイユ・デタ(国務院・行政裁判所)の見解は、原則「容認」で、宗教的紋章の着用それ自体は、ライシテ(公的領域からの宗教の排除)の原則に抵触しない、というものであった。ただし、それが他人の尊厳・自由や教育活動を妨げるような、「これみよがし」な性質をもつものであってはならないとの条件がつけられた。さらに当時のジョスパン教育大臣は、問題が生じた場合は、対話で解決するようにとの通達をだした(一九八九年十二月十二日)。

しかしこのような曖昧な解釈と、ケースバイケースで対応せよ、という判断は、この後もベール問題を再発させることになった。フランスでは、二〇〇三年に再び宗教的紋章(とくにベールが関心の的)にかんする論議が再燃し、翌〇四年三月十五日「宗教的標章法(ベール禁止法)」が制定された。公立の小学校・中学校・高校においては、生徒はとくに目立つような格好で自分の宗教を表明することは禁止された。ただし、処分をくだす前に生徒との対話が必要である、という条件がつけられた。

ヒジャーブと違い、顔をすっぽり隠すのがブルカやニカーブである。ブルカはアフガニ

▲ヒジャーブ(上左)，**ヒマール**(上中)，**チャドル**(上右)，**ニカーブ**(下左)，**ブルカ**(下右)
チュニジアでは，2011 年の革命後，ベール着用が認められたが，一部の女子学生がニカーブをして大学構内(マヌーバ大学)にはいろうとして，それを認めない(本人確認ができないという理由)大学当局と衝突する事件も起こった。

スタン、ニカーブはサウディアラビアやイエメンなどに多い。また顔の部分以外をすっぽりおおうチャドルはイランで一般的である。チャドルに似ているヒマールは腰までしかおおわない。

二〇一一年四月十一日、フランスで公共の場でのブルカ（ニカーブ）禁止法が制定された。五月に二人の女性が逮捕され、九月に罰金刑（一二〇ユーロと八〇ユーロ）がくだされた。同様の法がオランダ（二〇〇五年）やベルギー（二〇一一年七月）でも施行されている。

このベール問題は欧米だけの問題ではない。トルコでは国立大学の女子学生や公務員は構内および執務中のベール着用は認められなかった。これらは法律で禁止することはできないので公務員服務規定（大学生は公務員に準ずるあつかい）で規定されている。しかしトルコではイスラーム政党ＡＫＰ（公正発展党）が政権をとってから、女子大生には事実上解禁されているが、公務員は現在でも執務中のベール着用を認められていない。チュニジアでも同様に禁止（一九八一年の政令一〇八）されていたが、二〇一一年一月のジャスミン革命以後、政令は無効とされ、女子学生や公務員の学校の構内や職場でのベール着用は認められている。

第2章　イスラーム主義運動の熱狂と挫折

イスラーム主義運動の急進化

一九九〇年代になるとイスラーム主義運動は急進化しはじめた。アルジェリアのＧＩＡ（武装イスラーム集団）を中心とした武装勢力と体制との衝突は一〇万人以上の犠牲者を出した。ソ連軍を撤退させたムジャーヒディーンは権力抗争を始め、アフガニスタンは群雄が割拠する内戦状態となった。この事態にターリバーン[1]が救国を旗印に九四年に参戦し、九六年に首都カーブルを制圧して秩序を回復したが、イスラーム懲罰刑の施行、女性の家庭外労働や教育の規制・禁止、バーミヤンの石仏破壊（二〇〇一年）など極端な方向へと進んだ。ターリバーンの過激化にはウサーマ・ビン・ラーディンもかかわっていたといわれる。

こうして一九九〇年代のイスラーム主義運動は激しい暴力と組織の自己破壊へと突き進んでいく。一九九二年アフガニスタンのムジャーヒディーンがアフガニスタン人民民主党

1　ターリバーンの起源は必ずしもはっきりしないが，ソ連のアフガニスタン侵攻（1979～89）ののち，パキスタンのムハンマド・ウマルが指導する神学校（マドラサ）の生徒たち（ターリバーン）を母体として誕生したといわれる。生徒たちの多くはアフガニスタン出身者。1994年から内戦が続くアフガニスタンに「救国」を掲げて参戦し，またたくまに頭角をあらわした。

政権を倒したあと、各地にジハードを展開するために散っていったが、とくにアルジェリア、ボスニア、エジプトで重要な役割をはたすようになる。しかし九〇年代半ばから、イスラーム主義運動は現実から遊離したラディカルな運動が優位に立ち、暴力とテロリズムが支配しはじめた。それは、八〇年代のイスラーム主義運動を発展させた社会的・文化的・政治的要求(公職者の腐敗との闘い、独裁的権力との闘い、モラルの回復、社会的不公正との闘い)とは著しく異なる運動であった。

イスラーム主義運動の高揚から挫折までの道を歩んだ典型的な国がエジプトとアルジェリアである。以下、二つの国の例を中心にこの過程の意味を考えてみよう。

イスラーム主義運動の栄光の地——エジプト

穏健派のムスリム同胞団と武装闘争派の思想家サイイド・クトゥブ[2]の双方の誕生地、エジプトはまさしくイスラーム主義運動の栄光の地である。二十世紀、イスラーム世界の各地に発展していくイスラーム主義運動の母体は、一九二八年、ハサン・バンナー[3]が、エジプトのイスマーイリーヤという町に創設した「ムスリム同胞団」である。同胞団は、イギリスの植民地支配に対する反発や、世俗化や自由主義の潮流およびトルコのケマル・アタテュルクに代表されるイスラーム攻撃に対する危機感などを背景に、急速に支持を拡大し

2　サイイド・クトゥブ(1906～66)はムスリム同胞団のなかの急進派の思想家。とくに現代にも，イスラームによって統治されていない否定されるべきジャーヒリーヤ社会(世俗的・西欧的社会)があるとの思想は，イスラーム思想の反体制の論理として大きな影響を与えた。ナセル暗殺未遂の廉《かど》で逮捕され，1966年獄中で処刑された。彼の急進的思想はクトゥブ主義と呼ばれる。
3　ハサン・バンナー(1906～49)は中学校教員で，1928年勤務地のイスマーイリーヤに秘密組織，ムスリム同胞団を創設した。宗教学者(ウラマー)ではないが，もっとも影響力のあるイスラーム復興思想家(サラフィー)の一人。49年，秘密警察によって暗殺された。

た。一九三二年には本部をカイロに移し、一九四〇年代までにエジプト最大の大衆動員力をもつ組織となった。支持層は公務員、労働者、学生、農民などさまざまな層にわたり、四〇年代末には団員五〇万人、シンパ五〇万人に達していたといわれる。

しかしなりふりかまわず「イスラーム国家」の樹立をめざす秘密機関が独走し、要人テロを実行、一九四九年ハサン・バンナーの死後、穏健派と急進派とのあいだで指導権争いも起こって組織は混乱した。五二年、同胞団はナセルの自由将校団クーデタに協力したが、自由将校団の内部闘争に巻き込まれるなかで主導権争いの混乱が収束できないまま、五四年にナセル政権の激しい弾圧にあい、組織は壊滅的打撃をこうむった。

ナセル体制下では組織は非合法とされたため、多数の同胞団指導者が獄中にあるか、国外に亡命した。しかしサウディアラビアなど産油国への亡命者は多額の資金を獲得し、やがて同胞団の発展の経済的基盤をつくることになった。

サダト大統領（在任一九七〇～八一）は、同胞団の弾圧緩和政策（非合法のまま活動を黙認）をとったため、多くの同胞団員が解放されたり、亡命先から帰国したりした。政府が一九七五年から社会主義的統制経済政策から、民間部門主体の経済開放政策へと改めたことも彼らにとって幸いした。産油国での高賃金により多額の資金をもって帰国した同胞団員は、設備投資の少なくてすむ輸入業や生活消費財生産に乗り出すことができ、さらに富裕化していった。

サダト体制下で一九七三年夏頃、エジプト全土の学生を主体としたイスラーム主義運動の諸集団が集まり、イスラーム団という組織を結成した。この組織は、世俗主義、西欧的近代主義を否定し、イスラームが信仰、倫理、経済、法、国家、戦争など人間の行為すべてを包括する体系であり、アッラーによってくだされたもの(クルアーン〈イスラーム法〉)によって統治すること、そして地上にカリフ制国家を樹立することを目標として掲げた。

イスラーム団はこのようなイスラーム原則論を主張するが、具体的な活動は極めて穏健なものであった。すなわち交通機関における男女混在を避けるため通学用に女性専用バスのサービス、教室での男女の席の分離、ベールとゆったりしたイスラーム服の着用、ラマダーン月における断食の厳守などが奨励された。穏健なイスラーム的倫理にもとづく運動は各大学のキャンパス内に急速に支持を広げ、イスラーム団は七七年、エジプト学生連合内で多数派を占めるにいたった。政府も過激派の台頭を防止するというもくろみから、イスラーム団などの穏健派とこれを支持する敬虔《けいけん》なブルジョワジー(ムスリム同胞団)を擁護したので、政府とイスラーム団の関係は良好であった。

急進派の台頭と主導権掌握

しかしこの蜜月関係は一九七七年に終わる。同年、過激イスラーム主義のムスリム集団が忽然《こつぜん》と出現する。この組織は「タクフィール・ワ・ヒジュラ(不信仰者の宣言と離反)」と他称され、周囲の一般の社会全体を不信仰者と断罪し(殺害をも辞さない)、その不浄な社会からの離反を主張する。彼らは政府と正面から衝突、七七年七月、元宗教大臣ムハンマド・ザハビーを誘拐、殺害した。

急進派はイスラーム主義運動を支えるもう一つの社会層から出現してきた。サダト時代の経済自由主義政策は、一方には敬虔なブルジョワ層(保守的なムスリム)を形成したが、他方でその恩恵にあずかれなかった巨大な都市貧困青年層をも生み出していた。ムスリム集団を構成したのはこうした都市貧困青年層であった。イスラーム団の改良主義的、穏健な路線に批判的な一部の活動家もそうした社会層の出身者が多く、彼らはすでに上エジプト(アスユート、メニアなど)を中心に武装闘争派として分派活動をおこなっていたが、こうしたメンバーもムスリム集団に合流した。要するに穏健派イスラミストとは異なる社会層から、急進派・過激派イスラミストが出現し、台頭したのである。後者がしだいに前者をしのぐようになってくる。

一九七七年十一月、サダト大統領はイェルサレムを訪問し、七九年三月イスラエルとの和平条約を締結した。この劇的な事件はエジプトだけでなくアラブ・ムスリム世界全体に激しい抗議の渦を巻き起こし、穏健派イスラミストと政府との蜜月関係を終わらせ、急進派、過激派の勢いを加速させた。それに合わせて、活動拠点も大学内から、カイロやアレキサンドリアのスラム街、上エジプトのアスユートやメニアの都市周辺の貧困地域などに移っていった。七〇年代末、イスラーム主義運動の急進化、過激化とともに、イスラーム団を中心にさまざまなグループがゆるやかな連合体「ジハード連合」を結成したようである。

サダトは、一九八一年十月六日、第四次中東戦争の開戦日を記念する祝賀軍事パレードの観閲中、このジハード連合のメンバーによって暗殺された。彼らの考えでは、大統領の殺害によって民衆が蜂起し、イスラーム革命が成功するはずであったが、民衆の蜂起は起こらなかった。革命的イスラミスト知識人による、上からのイスラーム革命は失敗したのである。

急進派はアズハル大学のウラマー(イスラーム法学などを専門とする学者)の保守的姿勢を激しく非難し、一方、体制を支える保守派ウラマーは急進派活動家をイスラームからの逸脱と批判した。また敬虔な都市ブルジョワジーは貧困青年たちの武装蜂起に従わなかった。サダト暗殺事件を機に、貧困地域に捜査の手が伸び、多くの活動家が逮捕され[4]、急進派イ

[4] 逮捕者数は1200人(イスラーム団によれば5000人)にのぼり，指導者は処刑された。

スラーム主義運動組織は壊滅的打撃を受けた。ゆるやかな連合体「ジハード連合」も消滅した。この後、エジプトの急進的イスラーム主義運動は組織の立て直しをおこなった「イスラーム団」を中心に展開されていく。メンバーの一部は釈放後、アフガニスタンにでかけジハードに参加した。指導者アッブード・ズムルは三〇年近く獄中にあり、二〇一一年のエジプト民衆革命後の三月、釈放された。釈放後は穏健派に転じ、政治参加をめざしている。

都市貧困青年層の支配とイスラーム団の急進化

サダトのあと、大統領に就任したムバラクにとって、急進派イスラーム勢力の組織を解体したことは政権の基盤安定と自信回復にもなったので、獄中の過激派活動家の大部分に恩赦を与え解放した。彼らのうち、一部の者はアフガニスタンのジハードに参戦し、一部の者は一九八一年十月に解散させられた急進派の再建に向かった。八四年にはイスラーム主義運動グループがふたたび大学学生組合組織を支配するようになった。

イスラーム団は、一九八四年、逮捕されていた活動家の大部分が解放されると、組織を立て直し、その中心的なメンバーは勢力の拡大のためカイロ周辺の貧困者・大衆の居住地区、とくにインババ地区[5]への布教をおこなうようになった。インババ地区はカイロでも有

5 カイロ市内の北，ナイル川の西岸に位置し，庶民地区，貧困者居住区として知られる。古い歴史のある農村で，史料では「ナイル川の島」と記述された。Imbaba, Inbaba の両方の記述があった。南部スーダンと結ばれ，駱駝《らくだ》市が今も開催されている。マムルーク朝期は三つに分かれた農村が広がり，聖者の修道場（ザーウィヤ）も点在していた。19 世紀以降，カイロの発展とともにインババも拡大し，五つの村となり，同時に都市化していった。1980 年代末から 90 年代初めまでイスラーム団の拠点として知られた。街区内にはコプト教会もあり，2011 年 5 月 7 日，教会襲撃事件が起こった。

数の貧民地区で生活のためのインフラ整備も不十分で、密集した粗末なバラック住宅に一〇〇万人ほどの人が住んでいた。そこには行政や警察権力も十分におよばず、地元有力者(親分)が取り仕切っていた。八四年から地域内にイスラーム団の活動家が送り込まれ、住民たちにイスラーム的倫理・道徳の確立、警察の介入排除のための民兵組織の形成、スポーツ活動、教育などをおこなった。こうして都市貧困青年がイスラーム団に大量に入団するようになった。イスラーム団は地区を支配し、地区内の紛争や対立の解決もイスラーム団の調停にゆだねられた。また武装闘争のために必要な武器の調達も親分をつうじて比較的容易に入手できた。

イスラーム団の基本方針「善を勧め、悪を禁じる」は、倫理・道徳をイスラームに沿って改善していくこととともに、「アッラーのくだされたもの(クルアーン)によって統治すること」をも説いていたので、ムスタブディル(アッラーのくだされたものによって統治しない者)は打倒されなければならない、という主張にもなった。この考えからムバラク政権はムスタブディルであり、打倒されなければならなかった。ただし、イスラミスト知識人が主体であるあいだは、過激なジハードよりも、日常的な社会活動が重視されていた。

だが都市貧困青年がイスラーム団に大量入団するようになり、彼らがメンバーの主

▲インババ

体になると活動内容に変化が生じ始めた。まず道徳的に不品行と思われること、例えばビデオ・ショップ、美容院、酒店、映画館などの閉鎖を強制するようになった。こうした風潮は政府のイスラーム政策にも影響を与え、一九八〇年代半ばから国営テレビの宗教番組の増加、エジプト航空の機内でのアルコール・サービスの廃止、一部の県でのアルコール販売の禁止という措置がとられた。

より大きな問題は暴力の性格が社会的暴力から、宗教的暴力に変わったことである。対立がローカルな対立から、エジプト全土の対立へと拡大したともいえる。ささいな隣人間の争いも、口実さえあれば、宗教的暴力に転化された。イスラーム法の規定によれば、イスラームの支配下にある非ムスリム（ズィンミー）は人頭税（ジズヤ）を支払わなければならない。これは彼らの生命・財産の安全保障にあたる保護税を意味していた。エジプトには人口の六％、四五〇〇万人ほどのキリスト教系コプト教徒が居住しているが、イスラーム団は彼らに保護税の支払いを要求したり、コプト教徒の薬剤師や宝石商をジハードの名目で襲撃したりする事件が増加するようになった。[6]

テロリズムの悪循環

アルジェリアのイスラーム主義運動が悲惨なテロリズムに沈んでいくのと同じ時期、エ

6　コプト教徒の割合は全国平均で6％ほどであるが，上エジプトのメニア県やアスユート県では18～19％にも達し，ムスリムとコプトの対立もしばしばこの両県で起こった。

ジプトでも激しいテロリズムの嵐が吹き荒れた。五年間におよぶテロリズムは一九九二年に始まった。

エジプトで体制と反体制のイスラーム勢力とが暴力の悪循環に陥ったのは、予防的な抑圧システムの必然的な結果であったと考えることもできる。すなわち体制はイスラーム勢力(とくにムスリム同胞団)を仮に非暴力であっても合法化することはしなかったが、この政策は反体制のイスラーム勢力に合法的な議会参加への期待を失わせただけでなく、急進派に暴力的な戦術を選択させ、正当性を与えることになったからである。

一九八〇年代後半、イスラーム勢力の急進化と拡大に対し、体制はこれをうまくコントロールできなくなり抑圧を強化したため、両者の暴力的衝突が避けがたくなった。一九八六年四月、ザキー・バドゥルが内務大臣に任命されるとともに、翌八七年のアメリカ外交官に対するテロ未遂事件やイスラーム団による上エジプトでのコプト教徒への襲撃など暴力がエスカレートしはじめ、九二年の大規模な暴力的衝突へとつながっていく。

一九九二年から始まるイスラーム団による体制への武力反乱は、三つの方面で展開された。第一は都市スラム街の支配、第二は世俗派知識人への攻撃、第三は外国人観光客の襲撃である。この武装闘争に一役買ったのが、同年、アフガニスタンからもどった義勇兵である。

カイロの貧困者居住区インババでは一九八四年頃からイスラーム団の布教が始まり、彼らと土地のボスとのあいだで協力関係ができあがるとイスラーム団の影響力が急速に深まった。だが、都市貧困青年がヘゲモニーを確立し、地区から警察などの公権力を追い出すと、彼ら自ら「イスラーム税」の名のもとに、ゆすりやたかりという手段で住民から税を取り立てるようになった。住民たちは、最初は慈善活動や倫理道徳の教化に熱心なイスラミストに共感を覚えていたが、しだいに彼らから離れるようになった。

一九九二年一月、軍事部門の責任者ガベル師がロイター通信に「インババはシャリーア（イスラーム法）が適用されるイスラーム国家になった」と宣言した。だが政府はすぐに反撃にでて、十二月、一万四〇〇〇人の兵士と警察官をインババに派遣、六週間包囲し、徹底的な掃討作戦を展開した。その結果六〇〇〇人が逮捕され、イスラーム解放区はあっけなく征服された。

イスラーム団はインババの制圧に失敗したのち、都市の貧困大衆層を動員することができなくなり、上エジプトで観光客やコプト教徒や警察官を襲撃する戦術へと転換した。こうしたテロは派手ではあるが、一般大衆の支持を失い、体制との力関係ではジリ貧に追い込まれていった。

他方、政府はインババの開発のために多額の資金を投入し、警察署や社会福祉機関を設置、モスクも宗教省の管轄下においた。さらに地区の青年たちのなかから政権党「国民民主党」に入党して地域行政にかかわる者がでてきた。貧困地区からイスラーム革命は起こらず、むしろ体制を支える社会層が育った。

一九九二年六月八日、世俗派知識人の代表ファラグ・フォーダ[7]がイスラーム団のメンバーによって暗殺された。翌九三年、カイロ大学教授ナスル・アブー・ザイド[8]が彼の著書のクルアーン解釈が反イスラームであると告発され、裁判で背教者の宣告を受けた。背教者はムスリムの女性と結婚できないとの理由で、離婚を命ぜられ、さらに殺害の脅迫もあったため、九五年、妻とともにヨーロッパに亡命した。三人目の犠牲者がノーベル文学賞作家ナギーブ・マフフーズ[9]である。彼も宗教的寛容さと思想表現の自由を主張し、イスラーム主義を批判した。その作品のいくつかは宗教的冒瀆《ぼうとく》とみなされ、イスラミストから攻撃非難を受け、九四年自宅前でイスラーム団のメンバーにより首を刺される事件が起きた。

一九九二年夏からイスラーム団による観光客に対する攻撃が始まった。ナイル川の遊覧船や列車を襲撃し、イギリス人やドイツ人の観光客を殺害、負傷させた。イスラーム団の精神的指導者ウマル・アブドゥッラフマーンは、観光業は酒や肌の露出など退廃的な文化をエジプト社会にもたらすものであり、宗教的に禁止されていると主張した。

観光客の襲撃は観光収入を激減させ、「不信仰」の国家に打撃を与える、という目的は

7　ファラグ・フォーダは1946年生まれ。作家，批評家，人権活動家。シャリーアの適用に反対，イスラーム主義勢力を激しく批判し，イスラーム団とも対立した。アズハルのイマーム，ムハンマド・ガザーリーから背教者の宣告を受けていた。

8　ナスル・アブー・ザイドは1943年生まれ。コーランが神から預言者ムハンマドに与えられたテキストである，という彼の解釈が，神の啓示としてのクルアーンの永遠性を否定するものとして彼は背教者として告発された。2010年7月，カイロで病死。

9　ナギーブ・マフフーズ(1911～2006)は1988年アラブ諸国で最初のノーベル文学賞を受賞。代表作『バイナル・カスライン』。小説『悪魔の詩』の作家サルマン・ラシュディーに対する死刑判決にも，その宣告に反対する呼びかけをおこなった。

Column #02

ルクソール事件

一九九七年十一月十七日、世界的観光地として有名なエジプト南部、ルクソールにある王家の谷近くのハトシェプスト葬祭殿には二〇〇人近い観光客が訪れていた。そのなかには添乗員一人を含む一一人の日本人がいた。午前九時頃、観光を終えて葬祭殿からでてきた観光客に向けて突如、六人(八人説、一一人説もある)の武装集団が銃を乱射、日本人一〇人を含む外国人六一人(人数については異説あり)が殺され、八五人が負傷するという大惨事となった。犯人たちは全員二十歳代で、ルクソールの北六〇キロほどのケナという町の出身でイスラーム団のメンバーであった。

狙いはエジプトの観光産業に打撃を与えることであった。実際にこの後、観光客は激減し、エジプト経済に大きな打撃を与えたが、直接的には観光客相手に生計を立てているガイドや小規模旅行業者が失業状態に追い込まれ生活に困窮した。一九九二年のテロ事件の影響で、九三年には前年の四三%減、二〇〇万人に減少していた観光客が、その後の徹底したイスラーム急進派の取り締まりの結果、九六年には四〇〇万人に回復していた。そうしたところにルクソール事件が起こったのである。その影響は甚大で、九八年の観光客は前年の一〇分の一に激減した。ようやく観光客が戻り始めたところに、またアメリカで二〇〇一年に「九・一一」テロ事件が起こり、再び客足が遠のいたが、やがて回復し、〇八年は一二八四万人もの観光客が訪れるようになった(国内総生産の約一四%)。

ルクソール事件はエジプトにおける急進派イスラーム主義運動の終焉をも意味していた。すでに体制による徹底的な抑圧政策を受け、多くの指導者は逮捕されるか、国外逃亡を余儀なくされていた。一九九五年のテロ事件の死者は三六六人だったが、九六年には一八一人に減少していた。テロが続くにつれて、民衆の心は急進派から離れつつあった。獄中にいたイスラーム団の指導者たちは、国家に対する戦争に敗北し、民衆の支持を失ったことを、戦術的な失敗だと認め、停戦を訴えていた。しかし、それを認めない一部のイスラーム団メンバーがこのテロ事件を起こしたのである。このことは、国家によるイスラーム勢力分断策が成功したことを意味している。組織の分裂が、体制の急進派イスラーム勢力に対する勝利とイスラーム主義運動の行き詰まりを示していることは間違いない。体制は急進派イスラームを抑えこんだあと、ムスリム同胞団にも攻撃をしかけていく。穏健であってもシャリーア(イスラーム法)にもとづく国家建設と反体制のイスラームを主張する同胞団は容認しがたく、むしろ敬虔《けいけん》で体制寄りの企業家や商店主らを取り込んでいった。政治志向ではなく、ビジネス志向の体制「イスラーム」の創出である。これはポスト・イスラーム主義への移行ともいえよう。

びることになった。中間層（世俗派も敬虔派も含めて）およ
び下層のエジプト人がイスラーム勢力から距離をおき始める契機になった。

その後、外国人観光客をターゲットにしたテロは間断なく続いた。一九九三年二月、カイロ中心部の喫茶店で爆弾テロがあり、三人の外国人が死亡し、九六年四月、イスラーム団はカイロ市内のホテルで一八人のギリシア人観光客を銃殺した。さらに翌九七年九月、カイロのエジプト考古学博物館前に停車していた観光バスがイスラーム団のメンバーにより襲撃され、ドイツ人ら一〇人の観光客が殺害された。

そしてついに一九九七年十一月十七日のルクソール事件にいたる。同日、イスラーム団はルクソールのハトシェプスト葬祭殿の前で銃を乱射、日本人一〇人を含む六一人の外国人観光客を殺害した（三四頁コラム参照）。かくして過激な戦術をとる都市貧困青年層と敬虔で穏健な中間層との共闘は完全に崩壊した。

政治的イスラームの失敗

政府は一九九三年から、急進派イスラーム主義運動グループを軍事的に粉砕し、ムスリム同胞団を法的・政治的に抑え込む方針を決定した。九三年から九七年にかけて、対立の激化にともない数百人もの死者がでたため、容赦ない取り締まりがおこなわれ、それに対

抗してますます大胆なテロがおこなわれた。急進派イスラーム主義運動が過激なテロ戦術をとるようになると、都市貧困青年層と敬虔な中間層との同盟関係は崩壊し、大衆の心はイスラーム主義運動から離れていった。

エジプト政府はイスラーム団に対して軍事的に優位に立つのと並行して、ムスリム同胞団に対する法的・政治的圧力を強めた。政府は一九九二年六月に続き、九五年一月にも同胞団の幹部二〇人を逮捕した。また九五年、ムバラク政権は職能組合の統制・管理をおこなうための抜本的な法改正をおこない、職能組合の理事選挙を司法当局の管理下においた。また政府は同胞団が非暴力を掲げようとも公認せず、合法的な選挙によって政治参加する道を閉ざし続けた。さらに九六年、同胞団の若い世代がそこからでて、コプト教徒と一緒にリベラルな政党「ワサト(中道)党」をつくり、公認申請したが、認められなかった。それればかりか、政府は同胞団をテロリストの母体である、との主張を何度も繰り返した。

エジプトの体制は、複数政党制など政治的自由化を認めて支配の正統性を確立すると同時に、そのような自由化により権力の安定を失わないように努めた。体制が、この矛盾した二つの政策を同時に実行するためには、あらゆる反体制勢力を支配システムに近づけさせないことが必要であった。それゆえ、非暴力のムスリム同胞団もワサ

◀**カイロ市内カスル・アイニー通りにあるワサト党の本部**　ワサト党は2011年エジプト革命後，合法化された。革命後の人民議会選挙(2011～12年)で10議席を獲得した。

ト党も合法化するわけにはいかなかった。

一九九七年七月、エジプトで投獄されているイスラーム団指導者たちは、体制に対するテロ闘争が失敗であったことを認め、停戦を呼びかけた。イスラーム団はエジプトの政治舞台から退いた。政治的イスラームの試みは、急進派も穏健派も袋小路に陥ったのである。

脱植民地化の課題を負ったイスラーム主義運動――アルジェリア

一三二年間におよぶフランス支配から、一九六二年に独立を達成したアルジェリアにとって、文化と思想の面での脱植民地化は最優先課題であった。そのため、アラビア語とイスラームを重視し、六三年に制定された憲法も「アラビア語は国語であり、アルジェリアの宗教的実態はイスラームからえられる」と規定している。したがって体制は近代化政策を進める一方で、同時にアラビア語教育とイスラーム教育を国策として推進した。

一九七〇年九月二十九日、道徳教育・宗務省の大臣マウルード・カーシムの提唱、推進による「道徳の堕落と闘う運動」が始まった。これはアルジェリア国民に、西洋やその他の地からもたらされる卑猥《ひわい》で敬虔さを欠く道徳に対する警戒を呼びかける運動であった。彼は具体的には飲酒、西洋の教養礼賛、肌の露出などさまざまな外来文化の影響をアルジェリア国民の道徳的堕落ととらえ、イスラームによってそれに対抗しようと考えた。運動はインタビュー記事とテレビの座談会などのメディアを介して同年十二月末まで続けられた。例えば十二月二十五日付『エル・ムジャーヒド』紙は、アルジェの小高い丘の上にあるサン＝ジョルジュ・ホテル（現エル・ジャザーイル・ホテル）で開催される夜会には、酒や男性からの誘いなどのモラルの乱れがあり、女性たちに参加しないように呼びかけている。運動の期間中に警察も新聞やテレビの論調に呼応して風俗の取り締まりを実施し、七月から十月までのあいだに良俗の違反を理由におよそ一〇〇人が処罰された。

「道徳の堕落と闘う運動」は公的なキャンペーンとしては十二月末で終わったが、運動の精神と目的は、これを提唱、推進した道徳教育・宗務省の大臣カーシムの指導によって同省の広報誌『アサーラ（真正）』に引き継がれた。『アサーラ』は一九七一年三月に創刊、一九八一年一／二月号（八九／九〇号）まで発行された公的な宗教、道徳の広報誌で、アルジェリアの歴史、アラビア語や文化関係、道徳や

▶『アサーラ』第17・18号（1974年）の表紙

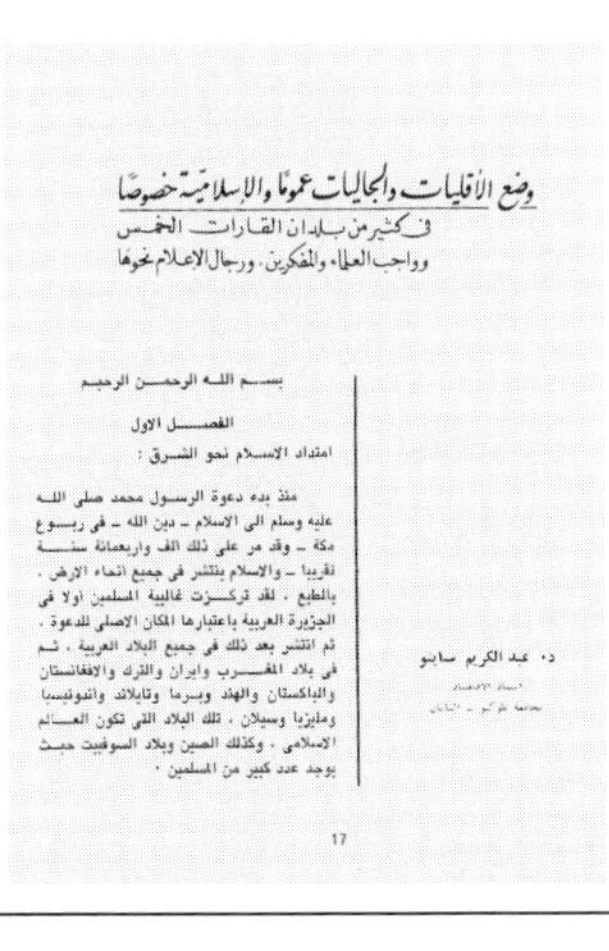

وضع الأقليات والجاليات عمومًا والإسلامية خصوصًا
في كثير من بلدان القارات الخمس
وواجب العلماء والمفكرين، ورجال الإعلام نحوها

بسم الله الرحمن الرحيم

الفصل الاول

امتداد الاسلام نحو الشرق :

منذ بدء دعوة الرسول محمد صلى الله عليه وسلم الى الاسلام ـ دين الله ـ في ربوع مكة ـ وقد مر على ذلك الف واربعمائة سنة تقريبا ـ والاسلام ينتشر في جميع انحاء الارض ، بالطبع ، لقد تركزت غالبية المسلمين اولا في الجزيرة العربية باعتبارها المكان الاصلي للدعوة ، ثم انتشر بعد ذلك في جميع البلاد العربية ، ثم في بلاد المغرب وايران والترك والافغانستان والباكستان والهند وبرما وتايلاند واندونيسيا وملايزيا وسيلان ، تلك البلاد التي تكون العالم الاسلامي ، وكذلك الصين وبلاد السوفييت حيث يوجد عدد كبير من المسلمين ·

د· عبد الكريم سايتو

17

◀『アサーラ』第20号（1974年）　日本人のAbdelkrim SAITO東京大学教授（SAITOは斎藤積平）が，アルジェリアのビジャーヤで開催されたイスラーム・セミナー（1974年3月25日〜4月5日）でおこなった講演にもとづく論稿「アジアと日本のマイノリティとしてのムスリムの状況」も掲載されている。

倫理、法と裁判、イスラームと政治などのテーマの記事を掲載した。これは西洋からはいってくる物質文化や世俗主義、シオニズムなどによるイスラーム社会の道徳的危機を強く意識している点で、さきの運動をそのまま継承しただけではなく、伝道と布教を重視する穏健なイスラーム運動を公的に支える役割をはたした意味は非常に大きい。

道徳や倫理の面でのイスラーム的価値を重視しようとするこれらの動きが、国家からもムスリム個人のなかからも、一九七〇年を境に具体的要求としてあらわれてきた。まず、この年に各地で集団礼拝やラマダーンを実行できるよう勤務時間を調整するようにとの要求がなされ、国家がその要求に答えた。これを契機につぎつぎとイスラーム的価値に合うように改革が進められた。すなわち、ラマダーン中の酒類の販売や飲食店での酒のサービスの禁止、メッカ巡礼への公的輸送のサービスの発展、モスクの建設増加、犠牲祭の羊供給に対する財政援助、休日を金曜日に変更(一九七四年八月十八日政令)、豚の飼育の禁止(一九七五年二月二十七日政令)、賭けとムスリムへのアルコール販売の禁止(一九七六年三月十二日政令)などである。こうした具体的な改革と並行して、イスラミストの活動は説教、雑誌、壁

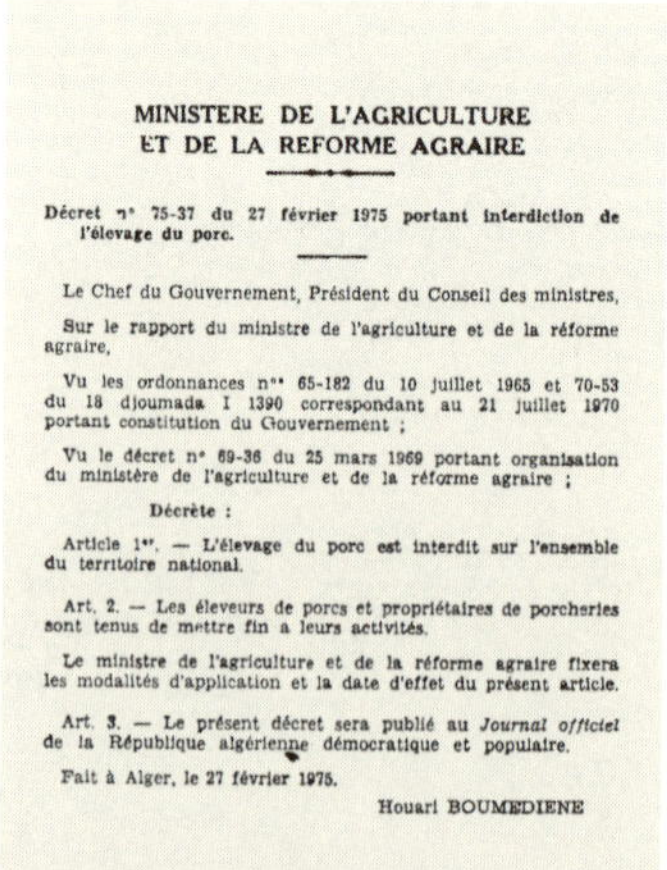

MINISTERE DE L'AGRICULTURE
ET DE LA REFORME AGRAIRE

Décret n° 75-37 du 27 février 1975 portant interdiction de l'élevage du porc.

Le Chef du Gouvernement, Président du Conseil des ministres,

Sur le rapport du ministre de l'agriculture et de la réforme agraire,

Vu les ordonnances n°s 65-182 du 10 juillet 1965 et 70-53 du 18 djoumada I 1390 correspondant au 21 juillet 1970 portant constitution du Gouvernement ;

Vu le décret n° 69-36 du 25 mars 1969 portant organisation du ministère de l'agriculture et de la réforme agraire ;

Décrète :

Article 1er. — L'élevage du porc est interdit sur l'ensemble du territoire national.

Art. 2. — Les éleveurs de porcs et propriétaires de porcheries sont tenus de mettre fin a leurs activités.

Le ministre de l'agriculture et de la réforme agraire fixera les modalités d'application et la date d'effet du présent article.

Art. 3. — Le présent décret sera publié au *Journal officiel* de la République algérienne démocratique et populaire.

Fait à Alger, le 27 février 1975.

Houari BOUMEDIENE

▶豚の飼育の禁止　ブーメディエン大統領の名によるデクレ(政令)で，アルジェリア全土で豚の飼育を禁止する，とある。

新聞、会合、支持者の増加などによって活発化し、またあごひげやベール、伝統的な衣服によって可視化するようになった。

独立以後のアルジェリアにおけるモスクの数は驚くほどの速さで増加する。一九六二年の独立時、政府の管理下にあるモスク数は約二二〇〇であったが、その後、急ピッチで建設され、その数は六八年に三二八三、七二年に四一〇〇、八〇年に五二八九になった。これによれば六二年から七二年までの一〇年で約一九〇〇、七二年から八〇年までの八年間で一一八九のモスクがふえたことになる。さらに七二年から八六年までにアルジェリアの宗務省に新たに登録された(建設途中のものも含む)モスクは六〇〇〇にも達する。

アルジェリアの土地に建てられたすべてのモスクが理論的には国家の管理下にある。しかし実際には国家の管理下にはないモスクも存在し、アルジェリアの場合、上記の数字は一九六二年のものを除けば、宗務省に登録されたモスク数を示し、それは全体の半分程度とみられる。数千の秘密の礼拝所が地下室や車庫やスラム街に存在していた。

一九六二年にアルジェリアのモスクで働き、政府の監督下にある宗教職務者は四〇〇人ほどしかいなかった。[10] 以後政府は急いで宗教職務者を集めた結果、その数は六八年に一五三八人、七二年に二二〇〇人、七五年に三〇〇〇人、八〇年には五一八三人になった。これらの宗教職務者は元来ワクフ(寄進財産)収入で生活していたが、六九年十二月七日に宗

[10] アルジェリア政府は，イスラーム学の教育・研究と宗教指導者の養成機関として，1984年にアルジェリア北東部のコンスタンティーヌにエミール・アブドゥルカーディル大学を建設した。エジプトから著名なイスラーム学者，ムハンマド・ガザーリーやユースフ・カラダーウィーが教授として招聘された。2002年12月時点で教授が102人，学部学生が2300人，大学院生が400人で，学生の男女比は女子学生のほうがやや多かった。

身分保証などの待遇に関する法が公布され、七一年から彼らは月給、家族手当、休暇、身分保証などの待遇を受ける公務員になった。

こうした宗教職務者の増員もモスクの増加に追いつかなかった。実際に一九八〇年のアルジェリアの公認モスクのうち、二〇〇〇以上のモスクに、イマームが配置されていなかったのである。そこにイスラーム主義者が未公認イマーム（モスクの導師・管理者）として進出し、やがて大きな影響力をもって体制をゆさぶりはじめるのである。

アラビア語化政策の矛盾

独立後の憲法でアラビア語が国語と定められたが、一三二年間ものフランスの支配はアルジェリア人の言語状況を大変難しいものにしていた。アラブ諸国のなかで政策として「アラブ化」なる用語が存在するのはアルジェリアだけであることが、アルジェリアの言語問題の深刻さをあらわしている。少なくとも都市に住む男性であれば、フランス語のほうがアラビア語よりも上手であったし、たいていの者はアラビア語のアルジェリア方言を話せてもフスハ（古典アラビア語）の読み書き能力は乏しかった。アラビア語とイスラームに文化的アイデンティティーをおいた政府がイスラーム（クルアーン）の言葉でもあるアラビア語教育を重視するのは当然であった。

こうした状況下で一九七一年からアラビア語化政策が始まった。学校教育では初等課程の一、二年が完全にアラビア語だけで授業されるようになったのを出発点として、しだいに学校教育でのアラビア語化が進み、一九八六〜八七年以後は初等(六年)、中等(四年)の教育はすべてアラビア語でおこなわれるようになった。このアラビア語化は大学にもおよび、例えば一九八五〜八六年のコンスタンティーヌ大学の登録学生一万一二四人のうち、五〇%以上の学生がアラビア語による授業履修をしていた。

国家がアラビア語化政策を推進した意図は別のところにもあった。それは、国家指導層、大学、FLN(民族解放戦線)などの内部にはびこりつつあったマルクス主義者(多くはフランス語使用者で、アラビア語は苦手)の影響力を弱めようとすることであった。しかし、このフランス語＝マルキスト、と、アラビア語＝ムスリムという対立の構図はやがてさまざまな面に広がっていく。学校教育の場(とくに大学)では、フランス語使用者とアラビア語使用者とのあいだに、西洋的・世俗的価値観とイスラーム的価値観との溝が深まっていった。アラビア語での大卒者がふえても、彼らを受け入れる就職口が用意されず、一方エリートの子弟は国の奨学金をえて(親が政府の高官などの場合、コネでえられる場合が多かった)、外国に留学したり、家庭教師からフランス語の勉強をしたりして、高い地位についた。農村や地方の人間がアラビア語だけの義務教育を終えて町にでても、フスハを必要とする職は極めてかぎられていた。さらに、実際にフスハを学んでもきちんと読み書きができるようになる者は二〇～三〇%程度であり、決してフスハのアラビア語化が成功したとはいえない。以上の問題点からアラビア語化がまねいた対立の構図はつぎのように整理されよう。

アラボフォン(アラビア語話者)………大衆——イスラーム的価値観——貧困・失業

フランコフォン(フランス語話者)……エリート——西欧的世俗的価値観——富裕

アラブ化政策とイスラーム化政策の矛盾は一九八〇年代末にイスラーム勢力の台頭と政治的・社会的混乱となって露呈化することになる。

FLNの腐敗・堕落と十月暴動

独立以来、FLN一党独裁体制のもと、アルジェリアのイスラーム主義者たちは組織的な活動を厳しく制限されていたが、一九八二年、二つの潮流が出現した。一つは、ブー・ヤアリーによって率いられ、サイイド・クトゥブの思想的影響を受けた急進派MIA(アルジェリア武装イスラーム主義運動)である。この一派はイスラーム国家の樹立をめざしてテロと武装闘争を展開したが、一九八七年ブー・ヤアリーが治安警察に射殺され、大衆的な広がりをえず衰退した。

もう一つは、社会秩序を破壊せずに体制にイスラーム化を迫る諸集団(ゆるやかな組織体）で、その主体はアラボフォンの大衆たち（とくに大学生、青年層）であった。こうした諸集団が一九八〇年代末のイスラーム主義運動の大衆的発展へとつながっていく。

一九八八年十月暴動からＦＩＳ（イスラーム救済戦線）支配終焉までの三年間はアルジェリアの現代史にとって極めてユニークな時期であった。国民大衆が自由に発言し、行動できた真に民主的な時期であったからである。政治と社会が根本的に変わるかも知れない、という希望が感じられたときでもあった。

大衆の困窮をよそにＦＬＮ幹部の豪奢な生活ぶりを暴露する新聞記事もでるようになり、権力の腐敗と汚職は大衆の目に明らかになってきた。一九八八年十月四日夕刻、アルジェのバーブル・ワド地区の子どもや青年たちが食糧や生活必需品の不足と物価高騰に抗議して大声をあげながらデモを始めた。車、店の窓ガラス、政府の建物が壊される事件もあったが、そのまま鎮まった。翌五日に抗議運動は暴動へと変わり、アルジェリア全土の主要都市で窮乏化したアルジェリア青年たちは、政府の建物、夜間金庫、食糧雑貨店、豪華な車、アルジェ航空のオフィス、バス、道路の信号などを襲撃、破壊し、

◀**リヤードゥル・ファトゥフの頂上にある殉教者記念塔**　商業文化センターはこの下に広がるが，現在では華やかさはなくなった。

裕な若者たちの憩いの場所としてシンボリックな意味をもつ)を襲撃破壊した。暴動は十二日まで続いたが、軍と警察による徹底的な弾圧にあい、死者は五〇〇人以上、逮捕者は四〇〇〇人以上にのぼった。暴動は自然発生的であり、社会的怒りと国家の権威を愚弄するという性格が色濃くでていた。リヤードゥル・ファトゥフの近くでアルジェリア国旗がおろされ、かわりに空っぽのクスクス(小麦からつくる粉食)の粉袋が掲げられた光景がそれを如実に物語っている。

しかしこの暴動を、クスクス暴動あるいは若者の反乱ということだけでかたづけることはできない。それは、社会変革の役者として窮乏化した都市青年層が登場したことを意味しているからである。軽蔑された「ヒッティスト」[11]たちはこうして街頭を支配し、体制を土台からゆさぶりはじめた。

FISの結成とヒッティストの登場

暴動の背後には巨大な社会層を形成する「ヒッティスト」の存在があった。彼らがはじめて政治の舞台に登場してきたのである。

しかしながらヒッティストたちに暴動を政治的に組織化する力はなかった。権力が行使

11 ヒッティスト(hittistes)とは壁を意味するアラビア語「ヒート」に,人を意味する「イスト」をつけた造語。大衆に平等に仕事を与えるはずの社会主義(アルジェリアの公式イデオロギー)が若者たちに与えた仕事は「壁に1日中,背をもたれかけることであった」という皮肉をこめた言葉で,実際には都市の窮乏化した青年(実質的失業者)たちのことである。

してきた社会主義のイデオロギーは信頼を失っており、社会主義勢力が暴動のエネルギーを引き継ぐことは困難であった。その反対に、イスラミストたち（イスラームの原理によって政治・社会の変革をめざす人びと）はこの社会的蜂起を勢力拡大の絶好の機会ととらえた。

アルジェリアのイスラーム主義運動は社会主義政策（世俗主義政策）下で活動が制約されていたが、一九七九年シャーズィリーの大統領就任とともに、世俗主義の後退とイスラミストへの譲歩政策がとられ、彼らの活動が表に出始めた。彼らはモスクのネットワークを使って福祉、教育、仲間作りなどあらゆる分野で活動し、その影響力は急速に社会のなかに浸透していった。

一九八八年十月暴動の対応策に苦慮したシャーズィリー大統領は、大衆に支持されたイスラミストたちと協調することで体制の維持をはかろうとした。かくてアリー・ベンハーッジュ、サフヌーン、ナフナーフらイスラミスト指導者の意見を受け入れ、国民投票による新憲法の制定（一九八九年二月）による複数政党制の導入とともに、イスラミストの活動が公的な制度として展開するようになった。それはイスラーム主義運動が大衆運動として正式に出発したことを意味していた。

「イスラームの呼びかけ」「前衛集団」「ジハード団」「伝道集団」などのイスラミス

◀ **FISの指導者**　アッバースィー・マダニー(右)，アリー・ベンハーッジュ(左)

ト諸団体が集まり、一九八九年三月十日金曜日、アルジェのクッバ地区のイブン・バーディース・モスクにて正式にＦＩＳの結成宣言がなされた（八月二十二日内務省に認可申請、九月六日政党として認可される）。元ＦＬＮ党員で穏健なプラグマティストのアッバースィー・マダニー[12]が党の代表、アリー・ベンハーッジュ[13]が急進的アジテーターとして活動。この二人がリーダーであった。

党の運営は全国評議会で決定し、この二人のほかに、アルジェのイマーム、ハーシミー・サフヌーニーや機関誌『救済者《アル・ムンキズ》』[14]の編集長ベン・アズーズ・ズブダなどが主要なメンバーであった。創設時は一三人で構成されていた全国評議会は、一九九一年六月の蜂起前には三五人に増員されていた。

イスラーム・コミューンの成立

複数政党制とともに五〇あまりの政党が生まれたが、ＦＩＳだけが説教師とモスクのネットワークを自由に使え、それによってＦＬＮ体制を嫌悪する大衆を組織化することができた。一九九〇年の時点でＦＩＳ支配下のモスク・礼拝所は一万二〇〇〇にも達していた。戦術的にも巧みだった。投票日前日の夜、アルジェ市内の巨大サッカー場「サンク・ジュイエ（七月五日）・スタジアム」に数万人の支持者を集めて決起集会を開催、興奮が絶頂に

12 アッバースィー・マダニーは1931年2月28日，ビスクラ近郊のスィーディー・ウクバに生まれ，父はイマーム職にあった。FLN党員として独立闘争に参加。独立後，1962年，アルジェ大学の哲学科に入学，さらに教育・心理学の大学院に進学した。1975～78年は政府奨学金をえてロンドンに留学。帰国後，アルジェ大学の教育・心理学の教授に就任。1980年代初めにアリー・ベンハーッジュと知り合った。

さしかかったとき、突然、ライトが消され、夜空に「アッラー」という文字をレーザー光線で浮かびあがらせた。

一九九〇年六月十二日、複数政党制下で初の地方選挙がおこなわれ、FISが圧勝した。一五三九の市町村(コミューン)のうち、八五三のコミューンでFIS系議員が多数派を占め、FLNが優位を占めたコミューンは四八七に過ぎなかった。都市の窮乏青年たちは進んで投票に出向き、FISの候補者に投票した。FISの勝利した市役所・町役場には「バラディーヤ・イスラーミーヤ(「イスラーム市(町)」)という看板が掲げられた。この勝利による「イスラーム・コミューン(市町村)」の出現は貧者や失業者への重点的予算配分とFISの慈愛に満ちた活動を可能にし、それは都市の窮乏青年にきたるべきイスラーム国家に対する期待をいだかせた。FISの支持者たちのあいだには幸福感が広がり、多くの人びとが、FLN体制下の乱脈財政、権威主義、非能率とは異なり、FISの議員たちが示した正義、公正さ、秩序、清潔さを証言している。これらの美徳はシャリーアの厳格な尊重にもとづく宗教的正しさのお陰であり、またイスラームの道徳の実行によって具体的に表現された。すなわち市町村の女性職員はベールをかぶり、酒の小売店、ビデオ・ショップ、その他の非道徳的商売は店を閉めるよう説得され、身持ちの悪い女(そう思われている女性)は社会的制裁の対象となり、また海岸の市町村の場合、海水浴場を男女で分

[13] アリー・ベンハーッジュは1956年12月16日，アルジェリア―チュニジア国境の亡命キャンプ地で生まれた。70年代初めから宗教的問題に強い関心をいだくようになった。アルジェ市内の中学校教師をしながら，イスラミスト運動を開始し，アーシュール・モスクの説教師として激しい体制批判をおこなうようになり，83年に逮捕，85年に国家公安法廷で実刑判決を受けた。この頃から，他の若い説教師たちと教育プログラムを作成し，印刷物やカセット・テープにして配布。またモスクで多様なテーマのイスラーム教育を始め，しだいにカリスマ性をもつ指導者として知られるようになった。
[14] FISの機関紙『救済者』はフランス語とアラビア語の両言語で1989年10月5日に創刊され，月2回，12万部を発行していた。

離させたり、慎みのない服装を禁じたりした。

FISが市町村の行政を支配するや否や、都市の窮乏青年たちに訓示をたれる説教師たちは、〈不信仰な〉独裁政権の非難にとどまらず、都市中間階層の大部分からなる〈フランス化した〉社会を糾弾しはじめた。かくしてこれまでは〈ヒッティスト〉の漠然とした怒りの対象であったフランコフォン社会(フランス語の得意なエリートや知識人たちの社会)が彼らの威嚇対象として表面にはっきりとでるようになった。FISを勝利に導いた大衆層ヒッティストと中間層フランコフォン社会とのあいだに横たわる社会的基盤の差異は埋めがたいほど大きかった。

ともあれ一九九一年十二月の国政選挙でもFISは圧勝したが、状況への対応能力でも内部の調整能力でも、政権を担うにはあまりに未熟な政党であった。体制の物理的弾圧に対して彼らも力(テロリズム)で抵抗する道を選び、九〇年代の悲劇をまねくことになる。

テロリズムのトラウマ

テロリズムの悲劇の発端は一九九二年一月の軍によるクーデタにある。前年十二月二十六日に実施された国政選挙(第一回投票)で全議席四三〇のうち、二三二議席が確定、そのうち一八八議席をFISが獲得し、権力を独占してきたFLNが獲得した議席はわずか一六であった。第一回投票で議席の確定しなかった一九八議席については、第二回投票（一九九二年一月十七日に予定）で議席確定することになっていた。

一九九一年十二月の選挙前、いくつかの世論調査はＦＩＳの敗北、ＦＬＮの勝利を予想していただけに体制はひどく狼狽《ろうばい》した。シャーズィリー大統領がＦＩＳとの連立政権を考えているとの情報は体制内守旧派をパニックに陥らせた。同時に世俗派新聞は、第二回投票を中止させるため軍の介入の世論づくりを始めた。例えば『エル・ワタン』は十二月二十九日付で「第二回投票、ＮＯ！」という見出しの記事を掲載した。『アルジェ・レピュブリカン』や『ル・マタン』も同様のキャンペーンを始めた。決定的だったのは九二年一月二日、ＦＦＳ（社会主義諸勢力戦線）が、同じくベルベル系住民を基盤とし、若い世代の世俗主義派知識人に支持された政党ＲＣＤ（文化と民主主義のための連合）や社会主義勢力や女性人権団体に呼びかけておこなった「原理主義国家にも反対、警察国家にも反対」というスローガンの三〇万人の大規模デモであった。

かくて労働組合諸団体、市民団体、女性人権団体、学生組織などによって結成されたＣＮＳＡ（アルジェリア救済国民委員会）は「共和国を救済するため」という理由で公然と軍の介入を要請した。軍は、最初からＦＩＳ政権を認める意向はなかったのでこれは渡りに船であった。したがってシャーズィリー大統領がＦＩＳとの連立構想の意向を示した時点で、彼の解任は決まっていたといえる。一九九二年一月十一日、大統領の辞任が発表された。大統領不在という緊急事態に対し、同日ゴザリ首相は自らを長とするHCS(国家安全最高評議会)を設立、選挙の中断も発表した。HCSにより、十四日ブーディヤーフを議長とするHCE(国家最高委員会)が設置された。これは五人のメンバーからなり、辞任したシャーズィリー大統領の任期が切れる九三年十二月末まで(のちに一九九四年一月三十一日まで延期)大統領権限を代行するものとされた。

ブーディヤーフは一九五四年の対仏武装解放戦争を計画・実行した「九人の歴史的英雄」の一人であったが、独立後FLN主流派と対立、六四年頃国外に亡命しおもにモロッコで生活をしていた。すっかり忘れ去られていた人であり、彼の名を聞いて多くのアルジェリア人はピンとこなかったといわれる。一月十六日、モロッコより二八年ぶりに祖国にもどり、HCE議長に就任した。彼の演説を聞いた国民の評判はすこぶるよかった。誠実で信頼でき、堕落する前のFLNの姿を彼のなかに見出したからである。

だがブーディヤーフがアルジェリア政治を指揮していくのはしょせん無理があった。イスラーム勢力に対しては指導者をつぎつぎと逮捕し、FISの非合法化(三月四日)と解散命令を出したため武力衝突は避けがたくなった。権力・FLNに対しては、腐敗堕落の浄化と権力構造システムの改革(自らを国外追放に追いやったことに対する復讐でもある)をめざした。結局彼は、双方を敵に回したため孤立無援となった。一九九二年六月二十九日、アンナバの文化会館での演説中、彼の護衛についていた警備隊員ランバレク・ブーマアラフィーが発砲、ブーディヤーフを殺害した。

HCEは結局、一九九四年一月まで存続して解散した。その後、三年任期の国家主席（暫定の大統領格）に任命されたゼルワール国防大臣は、九五年十一月には大統領選挙を実施して正式に大統領に就任、九八年辞任するまでその地位にあった。ゼルワールの治世はもっとも激しいテロリズムの嵐が吹き荒れた時代で、大規模虐殺、誘拐、暗殺、拷問、弾圧などがあいついで起こったが、テロ後のアルジェリア政治の展開からみるならば、着々と体制による政治再建が進められていたともいえる。

FIS組織が非合法化され、指導者たちが逮捕されると、組織自体の分裂をまねき、政治の主導権を失っていった。その間にアルジェ都市郊外の庶民地区に、たくさんの独立した武装小集団が生まれた。彼らの多くは都市の窮乏化した青年たちであり、政治指導力や調整能力を欠き、ましてや政治プログラムを作成する力を持ち合わせていなかった。そうした諸集団が一九九二年十月、GIA（武装イスラーム集団）を結成し、やがてテロリズムの主役の地位についた。彼らのテロのターゲットは、最初は政治家、軍人・警察など権力機構の人間たちであったが、やがて知識人・文化人（文化的に体制派）、外国人（政治経済的に体制を支える存在)をも攻撃対象としていった。九六年三月二十七日の深夜、アルジェの南西九〇キロの山村(メデアの西四キロ)にあるティベリン修道院が襲撃され、修道士七人が、誘拐され、虐殺された事件は欧米社会を震えあがらせた(五六頁コラム参照)。

ＧＩＡは軍や警察力の前にしだいに追い詰められると、一般市民をもテロの対象とした。彼らの論理はこうである。「自分たちはイスラームの正義のために戦ってきた。神の正義の戦いは絶対に正しいのに、劣勢に立たされるようになった原因は何か? 市民がこの正義の戦いを放棄したからである。責任、最大の責任は正義の戦いについてこなくなった市民にある、と」。

一九九七年、悲劇は頂点に達した。一晩のうちに多数の市民が虐殺されたのである。八月二十九日ブリダ県スィディ・ムーサー市のライース(死者二一八人)、九月五日アルジェ西郊ベニ・メッスース(死者一二〇人)、九月二十二日アルジェ南郊ベン・タルハ(死者二一二人)が血の海となった。さらに西部のギリザーン県の村では、九七年十二月末(死者四〇〇人)から翌九八年一月(死者六二人、六五人の二回)というようにむごたらしい虐殺事件が起こった。

だがここに大きな謎が横たわっている。これほどの大量の人間をＧＩＡが一晩で

アルジェリアのテロ犠牲者数(死亡者)

年	人数
1994	6,388
1995	8,086
1996	5,121
1997	5,878
1998	3,058
1999	1,273
2000	1,573
2001	1,130
2002	910

著者作成

◀1995年2月11日，アルジェ市内（エル・ビアール地区）でテロリストに殺された女性教師の碑（左），1994年6月7日，アルジェ市内でテロリストに殺された，新聞『ムジャーヒド』の記者の碑（右）。

▲ティベリン修道院の中庭（左），修道院敷地内のマリア像（中央），臨時の修道院管理人と修道院入口にあるマリア像（右）。

▲1997年ベニ・メッスースで虐殺された人たちの集団墓地　貧しい家庭の出身者が多く，墓碑のない墓が縦列に並ぶ。

Column #03

ティベリン修道師虐殺と「神々と男たち」

修道士虐殺をテーマにした映画「神々と男たち」は二〇一〇年カンヌ映画祭でグランプリを受賞し、フランスでは一般公開(二〇一〇年九月八日)後、三カ月も満たないうちに二八九万人動員という大ヒット作となった。日本でも二〇一一年三月から上映され、話題を呼んだ映画である。修道士虐殺の背後に暗示された「最後の晩餐」とイエスの十字架のイメージ、人間の罪と赦しの問題など、この映画が問いかける問題は相当に重いが、九〇年代アルジェリアの悲劇的な政治・社会状況が伝わってくる映画でもある。

一九九二年に結成された反体制のＧＩＡ(武装イスラーム集団)は、最初は軍や国家指導者、文化人ジャーナリストをテロの対象としていたが、やがて外国人、とくにフランス人(体制を外から支える力)も攻撃するようになった。かくてティベリン修道院での虐殺事件は起こることになる。

一九九六年三月二十六日の深夜(正確には二十七日、午前一時一五分頃)、二〇人ほどの男たちが修道院を襲撃、七人の修道士を誘拐した。当日、九人の修道士が滞在していたが、そのうち二人はベッドの下などに身を隠し、難を逃れた。その後、犯人たちと、アルジェリア政府およびフランス政府とのあいだで交渉が続けられたが、決裂し、ついに五月二十一日、修道士七人が斬首された。

◀映画「神々と男たち」の一場面
真ん中の正面を向いているのが，修道院長クリスチャン。テロリズムが激しくなったとき，修道士たちは，毎晩のように，残るべきか，退去すべきか議論をかわしたが，結局，そのまま残ることを決意し，テロの犠牲となった。

ティベリン修道院はトラピスト修道会に属し、一九三八年（三月七日）に創設された。テロ事件後、修道院は閉鎖された。映画のなかでメデア県知事が帰国命令書を修道院長クリスチャン神父に渡す際、「（アルジェリアが）いつまでも成熟しないことに疲れた。フランスの植民地政策のせいだ。組織的な略奪のせいだ」と語っている言葉に、政治や経済だけでなく言語・文化・宗教までずたずたに破壊され、あげくのはてはそのままほうりだされてしまったアルジェリア社会の苦しみが表現されている。

テロの真相はよくわかっていない。二〇〇六年、当時のフランス大使館付き武官は、「しまった！　修道士たちを殺してしまった」というアルジェリア軍ヘリコプター部隊の無線を傍受していたことを語った。アルジェリア治安部隊は、捜査中に犯したこの失敗を隠し、さらに殺害をＧＩＡの仕業とみせかけるため、いったん埋葬した遺体を掘り出し、首を切断したというのである。一九九七年九月のベン・タルハのテロ（一晩で二一二人虐殺）でも、目撃者が政府軍の関与を証言している。一九九〇年代の大規模な虐殺事件の真相は何一つ解明されておらず、政府も調べようとしていないのである。

どうやって殺せたのだろうか？　実は「正当防衛団」とか「愛国者たち」という体制側の民兵組織がＧＩＡと武装闘争を始めていたし、また何よりもベン・タルハ事件の目撃者証言は、虐殺に軍や警察が関与したことをほのめかしている[15]。すべてのテロ事件がそうだとはいえないが、大規模な虐殺事件にはなんらかの国家の関与があったことを信じるアルジェリア人は多い。

虐殺の真相はどうであれ、政治社会変革の期待をいだかせたイスラーム主義運動はテロリズムのなかに落ち込み挫折してしまった。アルジェリア人たちはたがいに殺し合い、深い精神的な傷を負ってしまった。

イスラーム主義運動の挫折と新しい潮流の出現

エジプトでもアルジェリアでも、イスラーム主義運動には、窮乏化した青年層、敬虔な都市中間層、イスラミスト知識人が参加した。イデオローグであるイスラミスト知識人が、漠然としたプランではあったが、イスラーム国家樹立とシャリーアの適用という共通目標を示したので、窮乏化した青年層と敬虔な都市中間層[16]のあいだの対立（経済生活、教育・文化的基盤、社会的地位）は、しばらくは表面化しなかった。しかしまもなく国家権力は、両者のあいだにある本質的な矛盾を見破り、両者を分断させる政策を採用した。すなわち国

[15] Nesroulah Yous, *Qui a tué à Bentalha?*, Paris, La Découverte, 2000.
[16] 公務員，教師，会社の中間管理職，中小の商店主，町工場事業者など。

家は敬虔な中間層の意向に沿う改革(複数政党制の採用、イスラーム教育の強化、断食やメッカ巡礼などへのサービス拡大など。暴力に対しては断固たる処置で臨む)を進めながら、さらに過激な改革を要求する窮乏化した青年層と彼らとを切り離そうとした。一定の要求がいれられた敬虔な中間層がしだいに体制への支持に傾いていったのに対し、さらなる改革を要求しても拒否された窮乏化した青年層は暴力を行使するようになった。

一九九六〜九七年には、中間階層と窮乏化した青年層との協調関係の破綻は決定的になった。九七年アルジェリアで市民に対する大規模な虐殺事件があいつぎ(とくに九月)、エジプトのルクソールで多くの観光客がイスラーム団によって殺害され(十一月)、九八年にはチェチェンの武装闘争が激化、そして二〇〇一年九月十一日ニューヨークとワシントンで同時多発テロが起こった。

ところが、このようにイスラーム主義運動がテロリズムに溺れて自己崩壊していく一方で、地域内部には重要な変化の芽が育ちつつあった。イランでは一九九七年に自由の拡大、欧米との対話、文明間の対話などを訴えた改革派のハータミー大統領が当選し、二〇〇〇年の国会議員選挙でも若者や女性層の圧倒的支持をえてハータミー派が圧勝した。「人民が自らの運命を決めることができる」と説く彼の主張はホメイニ派イスラーム路線の大きな修正であることは間違いない。エジプトでは、「ムスリム同胞団」の支持基盤である敬虔な都市中間層が経済の民営化や近代化によって恩恵を受けるようになったため、宗教的イデオロギーよりも、経済的安定や社会的自由に関心を寄せるようになった。そして「ムスリム同胞団」のなかの若い世代のメンバーは、一九九六年、公的自由、人権、国民統合を柱に、極めて西欧的デモクラシーに近い綱領にもとづく「ワサト党」を結成した。

またマレーシアとスーダンでは九八、九九年とあいついで長いあいだ重用されてきたカリスマ的イスラーム指導者が政治から排除された。インドネシアでは九九年、スハルトの軍事独裁政権ののち、イスラーム指導者(ナフダトゥル・ウラマー代表)ワヒド(在任一九九九〜二〇〇一)が大統領に選ばれたが、彼も二〇〇一年罷免され、女性大統領メガワティ(在任二〇〇一〜〇四)にとってかわられた。テロリズムの恐怖が荒れ狂ったアルジェリアも、世俗派勢力や穏健派イスラミストが政権に加わることによってようやく落ち着きを取りもどした。

これらの変化は西欧「民主主義」陣営の圧力やイニシアティブによってもたらされたものではなかった。一九九〇年代以降に大人の仲間入りをした青年層や女性たちが中心となって、地域社会の内部から変革のうねりを生じさせているのである。

第3章　ポスト・イスラーム主義

ポスト・イスラーム主義とは何か

一九七九年、ホメイニが指導したイラン・イスラーム革命は、シャリーア（イスラーム法）にもとづく国家建設と、政治と社会の全体を上から、なかば強制的にイスラーム的にすることをめざしたが、その後のイランの政治と社会にはそうした理念とは違う非イスラーム的性格がしだいに広がっていった。例えば、法学者の統治という理論は、イスラーム法に関する絶大な権限をウラマー（という人間）に与えたため、逆説的に政治の非宗教性を強める結果になった。また、ベールの強制、公共の場での男女の分離、服装・音楽・映画・テレビなどのイスラーム化などがおこなわれたが、九〇年代にはいると、わざと髪をベールから出す若い女性、公園で一緒に散歩する男女、また市の郊外の森でのバイク遊びに男女が一緒に乗る姿、カラフルな装身具を身につける女性などがみられるようになった。ポスト・イスラーム主義という用語は、九〇年代初めまでのイランにおける、そうした変化の社会的潮流や政治的志向を説明するために初めて用いられた。[1] それはおおよそつぎのような意味で理解された。

「ポスト・イスラーム主義」とは、イスラーム主義がアピール、活力、象徴性などを枯渇してしまった、という一つの社会状況を反映する用語である。それは、イスラームが社会的・政治的・経済的諸問題のすべてに回答を与える、というイスラーム主義の考えを否定している。しかし、ポスト・イスラーム主義は、反イスラーム的な意味ではなく、むしろ宗教を政治の束縛から解放(再世俗化)することで、宗教としてのイスラームを救済しようとする潮流である。その意味ではポスト・イスラーム主義は、明らかに宗教の政治的役割が制限されたことを意味している。またポスト・イスラーム主義は、イスラームと、個人の自由や個人の選択との連合の思想でもある。

その後一九九〇年代末のテロリズムの時代とイスラーム主義運動の挫折によって、ポスト・イスラーム主義の思想はアラブ諸国の政治、社会状況の変化を説明するためにも用いるようになり、また理論的にもより精緻化された。[2]

多くのイスラーム主義運動はシャリーアにもとづく政治権力の樹立(政治的イスラーム運動)を試みたが、一九九〇年代にその失敗が決定的になり、イスラームと政治の関係の再構築が必然の課題になった。イスラーム革命を実現させたイランの場合も、その後の現実

1 ポスト・イスラーム主義という用語が初めて用いられたのは，アーセフ・バヤトのつぎの論文においてである。Asef Bayat; “The coming of a Post-Islamist Society”, *Critique*, no. 9. 彼は，イラン出身の社会学者でオランダ・ライデン大学の現代イスラーム国際研究所の所長。現代イランのイスラーム運動が専門で代表作として *Making Islam Democratic* がある。

2 アーセフ・バヤトのポスト・イスラーム主義という用語を，より理論的・体系的な概念として用いたのが，フランスの政治学者オリビエ・ロワである。ポスト・イスラーム主義をめぐる最初の本格的な議論は以下の雑誌でおこなわれた。*Revue des mondes musulmans et de la Méditerranée*, 85-86, 1999. ここに9本の論文がおさめられている。

の国家運営において同じ方向を歩まざるをえなかった。ポスト・イスラーム主義とは、このようなイスラームと政治の関係の変化のなかで出現してきた政治的・社会的・文化的潮流(ないしは秩序)のことである。具体的には以下のような特徴と現象をともなっている。

イスラーム主義運動の挫折は、そこに内在した宗教の過度の政治化、宗教と国家の一体化の矛盾を明らかにした。したがって、ポスト・イスラーム主義における宗教と政治の関係は、両空間のそれぞれが自立することであった。宗教についていえば、政治から自立した宗教表現の空間を志向し、宗教表現が多様化した。スーフィズムであったり、道徳や倫理の改革思想であったり、一部には過激なグローバル・テロリズムであったりした。宗教が政治から自立したため、宗教復興は、国家よりも社会に狙いを定め、また個人の宗教的要求を訴えるようになった。

政治についていえば、一九七〇年代以降の国家による上からのイスラーム化政策が浸透したため、国家が率先して宗教問題の指揮をとる必要はなくなった。国家は宗教政策から離れたのである。また政治は宗教から自立した権力闘争やナショナルな志向とエスニックな利害の論理で動くようになった。見方を変えれば、それは宗教に対する政治の優越性の再確立を意味している。いうならば社会的宗教復興が多様化し、国家的世俗主義が出現したのである。

しかし、宗教と国家がそれぞれたがいに自立するようになったからといって文字通りの世俗社会が出現したわけではない。社会では国家を無視して、多様な宗教復興が起こっている。イスラーム諸国の国内レベルでは、国家との衝突がない宗教復興が進行し、欧米ではムスリムはマイノリティー集団として宗教的覚醒を強めている。

イスラーム国家樹立の道が閉ざされたあと、イスラーム主義運動は二つのまったく異なる方向に分裂した。第一は、政治的合法化を志向する運動で、シャリーアにもとづくウンマ(イスラーム共同体)ではなく、国内的課題を重視するようになった。イスラーム的というよりもナショナリズムの性格を強めるようになった。アルジェリアでは、二〇〇一年春、アルジェやカビール地方の青年たちのデモにおいて、イスラーム国家の主張は消え、自由やデモクラシーの訴えが目立った。トルコの福祉党(Refah)や公正発展党(AKP)、エジプトのワサト党、モロッコの公正開発党、アルジェリアの平和のための社会運動(MSP)なども同様である。また宗教的活動は政治を避けるようになり、宗教的分野と政治的分野とが分離する方向に進んだ。これらの変化は、政治社会空間のなかに世俗的空間が出現していることを示している。

第二は、ナショナルなレベルの問題には無関心で、シャリーアにもとづくグローバルな(想像の)ウンマを志向するネオ・ファンダメンタリズム運動である。こうした運動の担い手は、中東やアラブのイスラーム諸国のムスリムではなく、西欧におけるムスリム移民の二世や三世の若者たちである。彼らは、親の出身国とは関係をもたず(言語的にも文化的にも親近感を感じない)、自分が国籍を有する西欧の居住国にもアイデンティティーをおくことができない。それゆえ、彼らがめざすのは、ナショナルなレベルのムスリム共同体ではなく、グローバルなレベルの共同体を志向することであった。西欧においてマイノリティーとしての存在と、西欧からアイデンティティーを切断される状況が彼らをラディカル化させる。こうして国際的なジハード主義者が誕生する。

宗教と政治がたがいに自立したポスト・イスラーム主義の潮流下では、政治にも社会にも独自の状況が出現してきた。例えば(1)イスラーム主義運動のナショナリズム志向、(2)世俗的空間の出現、(3)宗教的権威の大衆化、(4)宗教の表明・実践の個人化、(5)シャリーアの文化・生活規範化と宗教のエスニック化現象などである。こうした現象はポスト・イスラーム主義社会の特徴である。

イスラーム主義運動のナショナリズム志向

イスラーム主義運動における国際的主張は、自らの目的を達成すると(ボスニア、イラン、アフガニスタンなど)、諸外国からの義勇兵を排除し、ナショナルな方向へと向かった。また目的を達成できなかったイスラーム主義運動は、挫折・失敗後、よりナショナルな方向に向かい、一九九〇年代後半以降、ナショナリズム運動とイスラーム主義運動の区別が不鮮明になった。もちろんサウディアラビアやパキスタンのようにイスラーム主義運動がナショナリズムに向かわない例もあるが、これらの国ではナショナリズムがもともと弱いことによるものと考えられる。

トルコではイスラーム政党（福祉党）が一九九五年の国政選挙で第一党となり、政権を担当（正道党と連立）したが、九八年政教分離の原則に反しているとして憲法裁判所で解散を命じられた。その後、イスラーム政党は美徳党をへて二〇〇二年の総選挙ではＡＫＰが勝利して、単独政権を成立させた。同政権は、イスラーム色を表に出さず、ましてやイスラーム国家を掲げず、普通のトルコ民族政党のような政策を実行している。トルコの政治体験は、イスラーム政党がナショナリズム政党に変わることで「普通の」政党として認知されていく一つの例を示している。エジプトのムスリム同胞団系メンバーが創設したワサト党（非公認）も、シャリーアの施行を表明せずにコプト教徒を含めた多元主義を標榜する。[3] パレスティナのハマース（イスラーム抵抗運動）も運動の原動力は、イスラームではなく、パレスティナ人ナショナリズムである。アルジェリアではＦＩＳ（イスラーム救済戦線）の非合法化のあと、今日活動している合法的イスラーム政党である国民改革運動（MRN-al-

3　ワサト党には多数のキリスト教コプト教徒がメンバーとして参加した。2011年のエジプト民衆革命後，ムスリム同胞団が組織し，認可された「自由公正党」にもコプト教徒が党員として加わっている。自由公正党の副党首はキリスト教コプト教徒のラフィーク・ハビーブである。

Islah)と平和のための社会運動もナショナリズムに傾斜しつつある。

ホメイニは「革命の前進のためにはシャリーアの原則を無視することもありうる」とのファトワー[4](法的意見)を出した。革命政権を維持するための政治を優先させたのであり、ホメイニ後も、イスラームの理念よりも現実主義が優先され、一九九〇年代後半になるとハータミーの自由主義的改革や西欧との対話という路線が支持された。イランの事例は、イスラーム主義の現実適用の限界を示している。

要するに一九九〇年代後半のイスラーム主義運動は、もはやシャリーアにもとづくイスラーム国家樹立を目標として掲げず、イスラーム主義よりもナショナリズムの性格をもつにいたったのである。これをイスラーム主義運動と区別してイスラーム運動とよぶ。

イスラーム主義のナショナリズム化は二つの影響をもたらした。第一は、ムスリム諸国の国内レベルでイスラーム運動が安定した支持者を確保したことである。第二は、イスラーム運動における国際的連帯の志向の衰退である。宗教としてのイスラームそれ自体が政治的・戦略的概念ではなく、民族の利害や国家の利益という政治的要素が、イスラームを政治的・戦略的要素にしているに過ぎないので、イスラーム主義運動のナショナリズム化は当然の帰結ともいえる。

イスラーム主義のナショナリズムへの傾斜は、イスラーム主義運動が合法的な政治参加

[4] 1987年12月に出されたファトワー。Cf. Olivier Roy, "Le post-islamisme", *Revue des mondes musulmans et de la Méditerranée*, 85-86, 1999, p.15.

の道を取り始めたことを示している。

政治空間における世俗主義の出現

政治的イスラームの挫折とは、政治をすべてイスラーム化できないことを証明したことにある。イスラーム主義運動が具体的な政策をイスラームの名のもとに実行すればするほど、政治の実態は非イスラーム的にならざるをえない。つまり、宗教による世俗化が起こることになる。これは、イスラーム諸国は、イスラーム主義の名において、政治の脱宗教化=世俗化を体験しつつある、という逆説的事実を意味する。イスラーム主義は自己矛盾に陥っていたのである。

政治的イスラームは失敗したが、社会の再イスラーム化は成功したともいえる。つまりムスリム社会には、三〇年前と比べてイスラームがはるかに目立つようになったが、この成功はイスラーム主義以外の方法では達成しえなかったであろう。だが、宗教が政治から自立することにより、再イスラーム化は政治の外でおこなわれるようになったのである。つまり、ポスト・イスラーム主義下のイスラーム化は宗教の衰退を意味するのではなく、宗教的実践がおこなわれる空間が世俗化のかたちをとることを意味している。宗教的分野が政治的分野から切り離されることにより、おのずと政治領域に世俗主義空間が生じるようになった。ただし、この場合の世俗主義空間とは、宗教を否定したり、抑圧したりすることでできる空間ではなく、宗教の日常化、一般化が実現し、宗教性の強制が必要なくなった空間、逆説的にいえば宗教への無関心がおおう空間を意味している。

宗教が政治から離れたため、宗教は個人のアイデンティティー問題に特化するようになった。女性のベールやイスラーム服の着用、男性のあごひげなど外的なかたちとしてのイスラームが重視されるようになったため、神と人間との関係という宗教の本質的な部分が隅におかれた。ラマダーン月(断食月)の昼間に店を閉めたり、アルコール販売を中止したりする店の割合がます現象も同様の意味で理解される。これは個人の意志・選択(倫理・道徳)によっておこなわれるのであり、国家の命令(シャリーア)によっておこなわれるのではない。その意味で、政治空間に世俗主義が生まれているのである。

宗教的権威の大衆化

独立後、イスラーム諸国は脱植民地化とイスラーム・アイデンティティーの確立のためにモスクの建設や宗教教育の強化を推進した。イスラーム主義運動の高揚は民間レベルでのイスラーム教育機関(マドラサなど)の建設を促進させ、国家の公的機関とは異なるイスラーム教育を普及させた。パキスタンの宗教学校の生徒数は一九七五年の一〇万人から、九八年には五四〜五七万人に増加した。一九七〇年代以降、私的な結社・団体やNGO[5]の増加も著しく、そこでの活動を通じて非公認のウラマー（イスラーム学者）が多数生まれた。また公教育の普及は大衆にイスラームの知識を身につける機会を与えた。加えて衛星放送やインターネットの普及によって、多くの者が自宅にいながらにして高度なイスラーム教育を学ぶことができた。

　こうした動きは、イスラームの知識を社会全体に広めたと同時に、アズハル大学などの伝統的・公的機関の影響力を弱め、イスラームの権威を大衆化させ、他方、私的なローカル・ウラマーを台頭させ、影響力を増大させた。パキスタン、マリ、ナイジェリア、イエメンなどでは国家の教育ネットワークの権威が低下し、私的マドラサが普及、発展した。インドネシアでもプサントレン[6]教育の発展が同じ方向性を示している。

　イスラミストの知識人が理科系の学部から大勢輩出された

▶キヤイと私　プサントレンの先生はキヤイと呼ばれる。

◀インドネシアのプサントレン
プサントレンの中庭と女子生徒たち。

り、パキスタンのマドラサ出身のターリバーンが社会に出現するようになったりしたのはこのような背景からである。

こうして深いイスラーム知識をもたない青年ウラマーたちがたくさん生み出された。彼らは自らを正当化するために他者とのささいな差異を根拠に激しい非難をし、それが衝突を激化させた。

宗教的知識はカセット・テープ、パンフレット、インターネットなどを介して、制度的教育機関ではなく、個人的師弟関係によって伝えられ、それがさらにいっそうイスラーム知識の権威の大衆化を促進させた。ウサーマ・ビン・ラーディンの思想とアル・カーイダという組織（ネットワーク）のほうがアズハルの公式権威よりも影響力をもつようになった。ファトワー（法的意見）を提示する行為は、かつては権威あるウラマーの特権であったが、インターネット上でだれもがそれをおこなうことができるようになった。「九・一一」テロ事件後、これを正当化できるか否かをめぐって、ネット上では多数の素人ムフティ（ファトワーを出す権威者）たちが意見を闘わせていたのである。

宗教的権威の大衆化は俗人聖職者が圧倒的な人気をえるという現象となってあらわれた。その代表がエジプトのアムル・ハーリド（一九六七〜　）である、彼は欧米系企業のビジネスマンであったが、一九九〇年頃から民間説教師としての活動も始めた。だれもがわかる

5　アルジェリアでは1971年から87年までのあいだに1100もの結社・団体が設立された。取締りをのがれるためスポーツや文化・親睦団体として届けられたが，実際は宗教活動をするものが多かった。1980年代末のエジプトの全NGO1万2832のうち，3分の1以上がイスラーム系NGOであった。
6　インドネシアの寄宿制の伝統的イスラーム学校。宗教指導者で教師をキヤイ，生徒はサントリ，寄宿舎はポンドックと呼ばれる。現在，全国で6000〜7000校存在する。

言葉で具体的なエピソードをまじえながら、インターネットや衛星放送を使ってイスラームについて語った。伝統的なウラマーとはまったく違う手法である。個人の家に招待されたり、女性たちのグループに呼ばれたりし、彼の説教はますます評判を高めたようで、まるで人気スター並みになった。エジプトでは彼のあと、ムイッズ・マスウード[7]やサウサン・ムハンマド[8]などつぎつぎと俗人説教師が出現している。公的機関のウラマーの権威が低下し、宗教的権威の大衆化が進行しているのである。

宗教表明・宗教実践の個人化

宗教の大衆化は宗教表明・宗教実践の個人化をともなっていた。一九七〇年代〜八〇年代、国家は熱心にイスラーム化推進政策を実行した。その結果、イスラーム主義の台頭と並行して、保守的なイスラーム化も進展した。とくに八〇年代、イスラーム主義勢力による攻撃にさらされた国家が、体制寄りの公式イスラーム＝保守的イスラームを推進、後押しした。この場合の保守的イスラーム化とは、政治的主張をせずに社会のなかにイスラーム的倫理や道徳を浸透させようとすることである。この公式イスラーム＝保守的イスラームの推進機関がマドラサやモスクやスーフィー教団などであったが、マドラサやモスクの数が急増し、活動が活発化するにとも

▲アムル・ハーリド

▲ナスル・アブー・ザイド

なって、国家がコントロールできないほど、多くのイスラーム学者が生まれ、マドラサのネットワークが社会のなかに広がった。彼らは、教師や宗教指導者として自分の職や役割を高めるためにもイスラーム化の推進に熱心であったため、国家の宗教的役割をこえるようになった。

保守的ムスリムは、立法・司法の権限の国家独占に挑戦し、シャリーアの領域に侵入していった。例えば一九九六年、スマイダ・アブドゥル・サマドという者が「カイロ大学教授ナスル・アブー・ザイドはその著作内容からもはやムスリムとはいえず、非ムスリムの男性はムスリムの女性とは結婚できない。ゆえに彼は離婚すべきである」との訴えをエジプトの民事裁判所に訴訟を起こし、勝利した。

イスラームの知識の一般化とともに、ムスリムであればだれでも——権威ある教育機関の出身者であろうがなかろうが——、何がイスラーム的に正しいかを述べる権利を与えられるようになった。これは宗教の表明・実践が公的機関の権威によって規定されるのではなく、個人の判断によってなされることを示している。

エジプトで雑誌『ロウズ・アル・ユースフ』[9](*Rose al-Yousef*)を性的に卑猥《ひわい》であるとして告訴したのも、病院での割礼手術を禁じた保健省大臣を訴えたのも、職業上の「聖職者」ではなく医師や弁護士やエッセイストであり、しかも彼らがそれを個人の資格でおこなっ

7　1979年生まれ。カイロ・アメリカ大学(経済学部)の出身で，集会やインターネット・サイトで欧米の文化(ロック音楽など)をも利用しながらイスラームを説教し，若者を引きつけている。

8　女性の民間説教師(年齢は50歳代？)。モスクや一般家庭で女性相手にイスラームの勉強会を開催している。

9　1925年10月26日創刊のエジプトのアラビア語による週刊誌。最初は文化・文学雑誌だったが，のちに政治雑誌になり，ムバラク体制下では親政府の立場をとった。

たのである。

こうした動きを推進する力は、保守的ムスリムによるイスラーム・ビジネスが経済の自由化や民営化によって発展したことによって生まれた。彼らは、イスラーム銀行、慈善事業、イスラームＮＧＯ、私立学校の事業などに乗り出し、その経済力と社会的影響力をバックに倫理道徳を告発し、国家のイスラーム独占を打ち破ろうとしているのである。ターリバーンが強力な国家体制を築こうとはせず、むしろ国家制度を破壊しようとする方向をめざしているのは同じような枠組みで理解できる。

宗教表明が個人の意思でなされる以上は、よきムスリムであることは個人の責任でもある。それは生活態度においては自己規制をしい、表にでる現象としてはよりイスラーム的（ベール着用、飲酒の回避、断食の厳守など）になる。信仰の確認をおこなうのは政治的制度や社会的権威ではなく、自分自身（個人）だからである。またイスラミストのオルグが個人単位でおこなわれる。アル・カーイダは個人単位で動員や強化をおこなう組織の典型であり、それは社会的組織集団ではなく個人でつながったネットワークなのである。

ポスト・イスラーム主義の特徴の一つはこのような宗教表明・宗教実践の個人化である。

シャリーアの文化・生活規範化と宗教のエスニック化現象

政治的イスラームの挫折はシャリーアを国家統治の実定法として適用することは不可能であることを明らかにした。それは、シャリーアが時代遅れとか時代に逆行しているからというのではなく、ただたんにシャリーアが国家統治の法規則にはなりえないということである。結果的には、イスラーム主義がシャリーアの適用を主張したのは政治的スローガンでしかなかったといえる。

シャリーアが実定法でなければ、女性のベールはどうなるのか。それは道徳・倫理の範疇に属することになる。だからこそベールの規定が、アフガニスタンの全身をおおうブルカから、マグリブの髪だけをおおうヒジャーブまでの地域差が生じるのである(一九頁コラム参照)。つまりベールや服装は必ずしも宗教的な敬虔《けいけん》さを示すものではなく、その女性が属するエスニック集団の文化の違いを反映している。

食事も同様である。シャリーアにもとづくハラール(イスラーム法的に合法)は、肉の処理の仕方にしかすぎず、ハラール食は、それぞれの地域の文化によって多種多様になる。他方で、同じハラール食を、レバノンではムスリムとキリスト教徒が食べ、モロッコではムスリムとユダヤ教徒が食べる。つまりその食べ物はイスラームに規定されているというよりも、むしろ文化に規定されているのである。

イスラームへの回帰は、しばしば宗教実践の強化といわれるが、一九九〇年代以降のムスリム地域のエスニック集団は自己のアイデンティティー主張のために宗教性を利用している。例えば一九四七年、パキスタンとインドの両国がイギリスから分離独立した際、インドからパキスタンに移住したムスリム(ムハージル)は、しだいに民族的意識を強め、宗教的脱出(ヒジュラ)というシンボルを自らのアイデンティティー構築の要素にしている。現在では彼らはムハージル(ヒジュラした者の意)民族として自己認識し、民族運動を展開している。トルコのアレヴィー派[10]はクルド人のなかにもトルコ人のなかにも信徒がいる。彼らは世俗主義的傾向が強かったが、一九九〇年代以降、少数派集団としてのアイデンティティー意識の高まりとともに、アレヴィー派のイスラーム性(ムスリムであること)を主張するようになった。

つまり宗教は、宗教実践とは無関係に、集団を自己主張するために利用されている。宗教のエスニック化現象といえる。シャリーアは民族や地域の文化的生活規範として機能し、再イスラーム化は文化的イスラーム化としての性格をもっている。シャリーアが普遍的な規範ではなく、民族や地域の一つの文化的規範(相対的規範)でしかないとすれば、ムスリムは文化的多元主義(マルチ・カルチュラリズム)の立場に立つことになる。

[10] トルコ，ブルガリアなどに存在する一派。第４代カリフ，アリーを信奉するといわれるが，成立時期や教義など不明な点が多い。世俗主義的立場をとるが，1990年代以降，サイイド(ムハンマドの血統の者)の末裔(デデと呼ばれる)崇敬がさかんになり，またアッラー，ムハンマド，アリーの三者とクルアーンの教えが重視されるようになった。断食をラマダーン月ではなく，ムハッラム月(イスラーム暦１月)におこなうグループもある。トルコでは人口の20%を占めるといわれる。

第4章　ポスト・イスラーム主義時代のアル・カーイダ現象

新しい「ムスリム集団」の誕生

　ポスト・イスラーム主義は、グローバルなレベルでは宗教と政治の関係において、これまで述べた特徴とはまったく異なる現象を生み出した。その主役を担ったのが新しい「ムスリム集団」である。

　西欧、とくにフランスにおける移民政策は、一九七三年のオイルショックと新規移民の制限によって、定住化と家族の呼び寄せを奨励するようになった。このあとに西欧で生まれた移民第二世代や第三世代は、言語や文化だけでなく社会的帰属のあり方の点でも、移民第一世代とはまったく異なる困難に直面した。一九五〇年代末から西欧にやって来たムスリム第一世代移民は、いずれ出身国へもどる一時的な居住者であり、出身国の言語も文化も人間関係も維持していた。しかし移民第二、第三世代は永住者であり、居住地・居住国のアイデンティティーの構築を求められた。例えば、アルジェリア人を両親として、フランスで生まれたムスリム移民は、フランス語で育ち、フランス文化に親しみながら育ち、アルジェリア社会との関係は希薄で、ムスリム名をもっていてもムスリムであることを意識せずに生活することが普通であった。両親がアラビア語とアルジェリア文化を維持し、アルジェリア社会との関係を維持しているのとはまったく異なっている。

ところが一九八〇年代末から中東北アフリカのイスラーム主義運動の急進化、暴力化の波は欧米にも押し寄せ、欧米でもテロ事件が起こったり、テロリストがかくれひそんだりするようになった。欧米のホスト社会のムスリムをみる目に変化が生じ、ムスリムであることを外側から強制的に自覚させられるようになった。それまではとくに違和感なくつきあってきた非ムスリムの友人たちが彼らをムスリムとして特別視するようになった。彼らはそれまで特別な意識のなかったムスリム・アイデンティティーの構築を迫られたのである。

だが、彼らのイスラームは、親のイスラームとは異なり、原文化(言語や歴史や土地や伝統など)から切り離されたイスラームであった。親の出身地がエジプトであっても自分はアラビア語を話さず、エジプトの歴史や文化に興味はなく、エジプトに友人がいるわけでもない。親の出身地がパキスタンである者でも、ウルドゥー語ができず、パキスタンの歴史や伝統を知らず、その土地への親近感はない。しかしイスラームの教義書を学び、ムスリムとして再生されたのである。いわばインスタントのマニュアル・ムスリムである。飲酒の禁止、ベールの着用、断食の厳守、男女の分離など教義には忠実であるが、言語や文化や歴史に関心はない、脱文化ムスリム・マイノリティー集団である。頑丈な箱でできているが、中身が空っぽのムスリムが誕生した。彼らは、親の出身地・出身国から切り離され、居住している欧米の国・社会からも疎外される、という二重のデラシネ(根なし草)である。

トランス・ナショナリズムの形成とジハードの国際化

西欧に新しい「ムスリム集団」が誕生したことはイスラームが西欧に転移したことを意味する。イスラームの西欧への転移は宗教性(宗教の在り方、宗教の認識の仕方)が変化したことでもある。宗教が文化や社会から切断されたため、宗教性における原文化が薄弱化した。また宗教知識の伝達があやういものになった。新しいムスリムは、きちんとしたイスラームの教育や文化を継承せずにムスリムとして生きることになったのである。[1]彼らは、親の出身国の文化や伝統から切り離されているので、直接的に素早くイスラームの知識総体をえようとする。したがって、パンフレットやカセット・テープやインターネットなどの手軽な教材に頼り、理念と教義を中心に深くはないがそれを反復練習して学ぶ。

[1] イスラーム諸地域でも同様の「知の伝達の危機」が起こっている。パキスタンのターリバーンはウラマーとは呼ばれず，伝統的なイスラーム教育のカリキュラムや教育法が消滅している。

この集団のなかの移民二世、三世の若者たちは、ムスリムとしてのアイデンティティーを発見し、都市の郊外にムスリム・エスニック空間を創出した。彼らは居住するホスト国との関係から、二つに分けられる。第一は、ホスト国の規則や慣習に従うかたちでのムスリム共同体を志向するリベラル派、保守派であり、彼らが多数派である。第二は、ホスト国との関係は無視し、脱領域のムスリム共同体を志向するグループである。少数派であるが、想像のウンマ(イスラーム共同体)を志向し、国際的に注目をあびる事件を起こすのはこの一派である。これをネオ・ファンダメンタリズムと呼ぶことにする。ネオ・ファンダメンタリズムは、宗教から文化を切り離し、宗教を人間の生活規範の中心におく。宗教規範それ自体が目的とされる。宗教がエスニシティーそのものであり、彼らは言語や文化や伝統などの民族的差異をこえてムスリムとして連帯する、トランス・ナショナルな集団である。

ネオ・ファンダメンタリストは西欧社会を全否定し、親の出身のイスラームの国にも関心をもたない。クルアーンとスンナ(預言者ムハンマドの慣行)に忠実に従うことのみに意味があるのであって、あらゆる文化を否定する。イスラームは文化ではなく、宗教とみなす。したがってコルドバやバグダードに栄えた偉大なイスラーム文明の価値を認めない。彼らは、具体的な国家建設には関心がなく、想像のウンマの建設をめざして闘い続けることが彼らの目的である。

一九九〇年代のイスラーム主義運動は政治的急進化を強め、その一部が宗教的説教よりも、政治的武装闘争を重視する「ジハーディスト」と呼ばれるようになった。この政治的急進化は、最初にアフガニスタンのターリバーンやアル・カーイダ、アルジェリアのGIAなどのなかにみられたが、その後中東の政治的緊張にともない地球的規模で広がっていった。

この政治的急進化をもたらした理由は三つ考えられる。第一は、イスラーム主義運動が挫折し絶望的なテロリズムに追い込まれたことである。第二は一九八九〜九二年に、アフガニスタンからのソ連軍の撤退や湾岸戦争、共産主義の後退などにともないアメリカの軍事的存在が中東全域をおおうようになったことである。第三は、イスラームのグローバル化とアメリカの唯一の超大国化とが必然的に両者を衝突（敵対関係は理念的につくられた）させることになったことである。

急進派にとって、もはやヨーロッパは攻撃対象ではない。テロが

▶パキスタンのペシャーワル大学内のモスク　ターリバーンはパキスタンの私的マドラサ出身の神学生たちが母体となって形成された集団。ターリバーンがこのモスクで礼拝時に募金活動をおこない，問題になった。

◀ペシャーワル大学内のモスク外壁の貼り紙　「時の偶像である世界のテロリスト，アメリカはムスリムのウンマに侵略をおこなっている。誇り高きムスリムたちよ！　アッラーの偉大なご命令である，アメリカ帝国主義を拒絶せよ！　アメリカに死を！　パキスタン万歳！」と書かれてある。

ロンドンやパリで起こったとしてもその本当の狙いはアメリカである。パレスティナにおける闘争も中東におけるアメリカ(イスラエル)との闘いにおきかえられ、アフガニスタン、カシミール、フィリピンなどの地域的な戦闘も諸外国からの義勇兵を集めながら、唯一の超大国に闘いをいどむ国際的闘争に変質する。

ビン・ラーディン第一世代とグローバル・テロリズムの始まり

パレスティナ出身のムスリム同胞団員アブドゥッラー・アッザームが一九七九年末ないし一九八〇年代初め頃にソ連軍に対するジハードを開始した。彼の弟子の一人ウサーマ・ビン・ラーディンは、一九八四年頃「支援者たちの家」(バイトゥル・アンサール)をペシャーワルに建設した。この施設はアフガニスタンにやってきたアラブ義勇兵の支援所、訓練基地、義勇兵募集事務所などのために使われた。これがアル・カーイダの原型である。

一九八六年頃から、外国からの義勇兵(アフガニスタン人は国籍に関係なく彼らをアラブと呼んだ)が急増しはじめた。彼らアラブ義勇兵のあいだにはしっかりした組織的つながりではないが、個人的関係によって国際的ネットワークが確立した(アルジェリア人、リビア人、イラク人、エジプト人、サウディ人、モロッコ人など)。彼らは、連帯してソ連軍に対し、北部同盟軍に対し、そして最後にアメリカ軍に対して戦った。

一九八九年二月、ソ連軍がアフガニスタンから撤退完了したため、アラブ義勇兵の多くは故国にもどった。つまりそれはアフガニスタンに行き、その後出身国にもどるという、アフガニスタンと出身国とのあいだの往復運動であった。[2] これらをビン・ラーディン第一世代と呼ぶこととするが、それはつぎのような特徴をもっていた。⑴メンバーの全員が中東(北アフリカを含む)の出身、⑵中東からアフガニスタンに直接に向かった(ヨーロッパを経由しても、ヨーロッパに長く滞在したわけではない)、⑶義勇兵として出向く前に、政治的活動体験をもっている。

一九九二年頃からビン・ラーディン一派の兵士リクルートに構造的変化が生じ始めた。その最初の兆候は九三年二月のニューヨーク世界貿易センタービル爆破事件の実行犯たちのなかにみられる。首謀者のウマル・アブドゥッラフマーンは九〇年五月にハルツームのアメリカ領事館でビザを取得し、ニュージャージー州に着いたのち、永住ビザ「グリーン・カード」を入手した。ユースフ・ラムズィーは父親がバルーチーのパキスタン人、母親がパレスティナ人の子として生まれ、バルチスタンのマドラサで勉強し反シーア派運動に参加、イギリスに留学し、さらにフィリピン、パキスタン、アフガニスタンを訪れた。九二年イラク人のパスポートでアメリカに入国した。ムハンマド・サラーマとアフマド・アッジャージュは二人ともパレスティナ人でアフガニスタンの軍事キャンプでの滞在経験

2　アフガン・アラブの帰還兵が重要な役割をはたした組織には，つぎのようなものがある。アルジェリアのGIA，エジプトのイスラーム団，ヨルダンのムハンマド軍，フィリピンのアブー・サヤフ集団，イエメンのジハード運動。

をもっていた。

また、ワーディフ・ハージュは、レバノンのキリスト教徒の家に生まれたが、イスラームに改宗した。一九七八年、都市計画を学ぶためにアメリカに留学して、アメリカ人女性と結婚し七人の子どもをもうけた。その後ソ連軍と戦うためにアフガニスタンに義勇兵として向かい、数年間、同地にとどまったあと、一九九〇年代初め、スーダンに移り、ビン・ラーディンの秘書をしていた。のち一九九八年のケニアのアメリカ大使館への爆弾テロ事件の犯人として有罪判決を受けた。

これらのテロリズムにはつぎのような新しい特徴がみえる。すなわち、ジハード戦闘員は中東の出身であっても、彼らの人生の行路は国際化されている。彼らの大部分が非常に若く、また再イスラーム化されている。西欧で暮らしているときに、彼らは三つのレベルでデラシネになっている。つまり、出身国とも、家族とも、生活している国とも関係が切れている。彼らは、文化変容とアイデンティティーの再構築の産物である。

すなわち、彼らは出身国を去り、各地を転々としながらジハードをおこなっていく、放浪のジハーディストなのである。彼らを結びつけているのは「想像のウンマ(イスラーム共同体)」である。

ビン・ラーディン第二世代と想像のウンマ

一九九四年頃から、戦闘員は直接、中東からアフガニスタンに向かわなくなった。訓練と実践の場はアフガニスタンであるのに、ムジャーヒド(聖戦の兵士)のイスラームへの回帰・改宗とリクルートの場はヨーロッパになった。彼らは、西欧で生活しているときに組織的にリクルートされただけでなく、自らが西欧でイスラームに回帰した。また、ヨーロッパ人でイスラームに改宗する人の数と役割も増大した。

アフガニスタンに向かった戦闘員たちは確かな組織によって結びついていたわけではない。彼らがたがいにしばしば連絡を取り合う関係にあったとしても、アル・カーイダという組織が確立していたことを意味しない。アル・カーイダという組織とそれ以外の組織との関係も極めてゆるいものであった。戦闘員の動員とイデオロギー化という点ではボスニアもアフガニスタンと同じ役割をはたした。

ビン・ラーディン一派は旅先でも、しばしば通うモスクでも、家族関係や街区の人間関係でも、あらゆる場と機会を利用して戦闘員をリクルートした。そこに一つの新しい潮流がみられる。ビン・ラーディン一派の戦闘員の結びつきは極めて流動的であり、確かな組織によって統制されていないのである。

戦闘員たちは自分の出身国の地域的問題に関心をもたない。例えば、アルジェリア出身の戦闘員にとって、アルジェリアの政治問題や社会問題はどうでもよく、またカシミールやアフガニスタンに戦闘員としてでかけるパキスタン人は、パキスタン国内の問題に取り組もうとしない。彼らにとって意味のある世界は国家の枠をこえた「想像のウンマ」なのである。

ビン・ラーディン一派の第二世代は一九九六年頃に確立した。それはつぎのような特徴をもっていた。⑴彼らは生まれた国では生活せず、外国で生活している（トランス・ナショナル）。⑵なかには、フランス国籍、イギリス国籍、アメリカ国籍などをもつ者もあり、また数カ国で勉強をしたり、生活経験をもったりした者もいる。⑶近代的学問を学び（しばしば好成績をおさめる）、西欧での青春時代はディスコに行ったり、女性とつきあったり、酒を飲んだりもした。⑷社会的には、中間階層の出身の者も、「非常に貧しい地区」の出身の者もいるが、しばしばつらい生活体験やドラッグや入獄などの経験をもっている。⑸彼らはみな、西欧で、急進的なモスクでの個人的な出会いの結果、ムスリムとして再生した。⑹彼らの政治的急進化は彼らの宗教への回帰と同時に起こる。要するに、彼らの急進化は宗教的に深い理解に達したからではない。⑺家族、出身国、居住国、いずれともアイデンティティー関係は希薄であり、彼らは国際的友愛関係（想像のウンマ）のなかで生きている。⑻すべての家族あるいはほとんどの家族が、戦闘員になった息子たちの行方を正確に把握していない。自爆テロによる死を知って驚いたり、当惑したりする(これと対照的なのがパレスティナの自爆テロで、ほとんどすべてのテロリストが、自爆テロの実行日当日まで家族とともに生活をし、死後も彼らの近親者は息子〈娘〉の死を誇りにしている)。

戦闘員たちはモスクや街区のローカルなイスラーム空間のなかから出現するが、彼らは家族とも、出身国とも、居住国ともアイデンティティーを切断し、想像によってつくられたイスラーム共同体《ウンマ》に属し、そこで行動する。彼らはミクロ世界(居住街区、モスク)、マクロ世界(想像のウンマ)、ヴァーチャル世界(インターネット、現代コミュニケーション)の三つの世界を絶えず行ったり来たりしている。特定の国家や社会の状況は彼らの関心事ではない。自分たちのローカルな「イスラーム化された空間(モスクであったり、街区であったりする)」の創設にのみ関心をいだく。しかしこのローカルな共同体はヴァーチャル世界によってグローバルな世界と結びついている。こうして彼らの世界は国家の枠組みから離れ、脱領域化することになる。

ポスト・イスラーム主義の相反する二つの志向

ビン・ラーディン指揮下にあったアル・カーイダのメンバーは二〇〇一年九月十一日、旅客機をハイジャックし、ニューヨークの貿易センタービルとワシントンの国防総省本部に突撃した。犠牲者は三〇〇〇人にも達した。グローバルなテロリズムは国境やフロンティアの地理的領域の意味を失わせた。アル・カーイダにとって明確なターゲットはなくなった。「想像のウンマ」の建設に邪魔になる敵はどこにでもいるからである。一方、イスラーム悪魔論、イスラーム恐怖論が広がり、とりわけ欧米でムスリムへの排外主義が強まった。

ネオ・ファンダメンタリズム運動がグローバルな方向に向かったのは、ナショナルな変革の試みの失敗に対する、ネガティブな答えである。ネオ・ファンダメンタリズムに確かな展望があるわけではない。活動家たちは根なし草であり、かつ世代間のギャップがあるので安定的・長期的な基盤を築けない。

今日のイスラーム問題の中心舞台は中東のいわゆるイスラーム地域ではなく、欧米に移った。欧米のムスリム移民二世、三世たちは、親の出身国とも関係をもたず(アラブ系二世、三世の場合、アラビア語を話せない者が多い)、かといって国籍をえた欧米の居住国への帰属意識も強くはない。学校を卒業してもその学歴と知識に見合った職にありつけなかったり、社会的に上昇する見通しをもてなかったりした。少年期にきちんとしたイスラーム教育を受けなかったが、満たされない不満とアイデンティティーへの不安から、彼らはイスラームに回帰した。彼らが属した共同体はローカルなイスラーム空間から、国際的なネットワークによってグローバルな世界と結びついた。ジハード戦略はこうしてグローバル・テロリズムを生み出すことになる。

一九九〇年代にユートピアとしての政治的イスラーム(イスラーム主義)が失敗したあと、イスラーム政治運動は二つのあい反する方向を志向するようになった。

一部の行動主義者たちはイスラームがグローバリゼーションによってマージナル化されるという強迫観念をいだき、「想像のウンマ」の構築によってそこから脱しようとしている。彼らは単純な善悪二元論を主張し、千年王国的自爆テロリズムに走っている。

第3章で説明したように、もう一つの方向は、イスラーム的ナショナリズムの運動へとイデオロギーの転換をした。ナショナリズムとイスラーム主義の融合、ないしは両者の境の消滅によって、世俗主義的ナショナリストとイスラーム主義者が接近することになった。こうした新しい価値観を身につけたムスリムにとって、シャリーアは宗教的規範ではなく、文化的生活規範であり、したがって宗教的多元主義が可能になる。政治的疎外感を感じている階層(とくに中間層)の人びとを政治の舞台へと導き、また情報革命によって外の世界とつながった青年たちに変革の機会を与えるかもしれない。

第5章　ポスト・イスラーム主義から「アラブの春」へ

イスラーム主義の理念性とイスラーム社会の現実

　イスラーム主義運動が提示した政治モデルや経済モデルは理念的性格が強い。イスラーム銀行という名を用いても、実際には国際通貨基金の規則に従わざるをえない。家族法や身分法についても、すでに多くの世俗的ムスリム国家でおこなわれているシャリーアが部分的に修正されるだけであった。アルジェリアのＦＩＳ（イスラーム救済戦線）がそうであるように、イスラーム主義運動は新しい社会モデルを具体化できなかった。彼らは体制よりも優位に立っていたときにも、体制のそれとは異なる、信頼に足る新しい政治的・経済的制度を実現できず、「イスラーム税」という名の寄生的経済に頼っていた。イスラーム主義運動は、挫折した西欧型モダニズムの浮浪者たち（学校を卒業しても未来のない青年層、社会の周辺に追いやられた大衆層）を、イスラームの真正という幻想に誘うことによって、一時的に彼らの動員には成功した。その点ではイスラーム主義は、青年たちの抗議やフラストレーションを代弁する社会文化的運動としては力を発揮したとはいえよう。しかしこのイスラーム主義運動は新しい社会モデルを生み出すことはできず、希望のかなえられなかったモダニズムの浮浪者たちはやがてこの運動に背を向けるようになった。

イスラミストが主張する公正さや社会的再分配の夢は、それを実行する個人の高潔さに依存するという危うさの上に乗っている。しかもこの夢は、イスラーム主義運動が大衆運動から支配権力に移ったのち、アフガニスタンのターリバーンやアルジェリアのＦＩＳが実証しているように打ち砕かれることが多かった。「高潔な人びと」も堕落するか、圧制者になるか、内部崩壊するか、新しい敵対者に倒されるか、いずれかの道をとった。

かつてバグダードやコルドバに咲き誇ったイスラーム文明の本質は、外来文化との活発な交流のうえに、音楽や饗宴を楽しむ気風、センスあふれる服装、科学技術の創造性、哲学や思索の自由などを特徴としていた。しかしアルジェリアでも、エジプトでも、イランでも、アフガニスタンでもイスラーム主義運動が提案したイスラームは豊かなイスラーム文明への回帰ではない。彼らが擁護したのは豊かなイスラーム文明ではなく、神の名を借りた形式主義とリゴリズム（厳格主義）であった。イスラーム文明のまさに本質を拒否したのである。

では彼らのいう「イスラーム社会」とは具体的にどんな都市空間なのかを、アルジェリアに一時的（一九九三頃〜九五頃）に成立したイスラーム解放区を例にみてみよう。ＧＩＡと呼ばれたイスラミストたちによって解放された地区では、政府機関は消えてなくなり、厳しい道徳規制が始まった。地区内では、タバコや体制寄りの新聞の販売は禁止され、音楽やフランス語の教育も禁止された。パラボラ・アンテナの利用や美容院は強制的に禁止・閉鎖された。一方、肉屋やガソリンスタンドは安値で販売するように、強く〈要請〉された。女性はヒジャーブ（ベール）の着用が強制された。またここでは政府への税徴収を廃止し、かわりにＧＩＡの活動資金としてイスラーム税が徴収された。まだ二〇代半ばに満たない若いムフティ（法判断の権威者）が、新しい法を規定し、同じ年頃のアミール（ＧＩＡ地区リーダー）に判決を執行する許可を与えた。

ターリバーン政権下（一九九六〜二〇〇一）のアフガニスタンでも厳格なイスラーム法にもとづく社会が実現した。[1] ターリバーンは、あごひげを生やさない男性や、頭から足首まですっぽりとシーツのような布でおおうブルカを着ない女性を棒で叩いて制裁したり、逮捕したりした。女性の参政権や教育も認められず、映画や音楽、テレビまでをも禁止した。日常的にイスラーム法にもとづく公開処刑がおこなわれた。

現実に存在する社会でイスラミストが主張する「イスラーム社会」にもっとも近いのはサウディアラビア社会であろう。そこには自由な談笑がかわされるカフェも映画館も音楽

1 イスラーム法の厳格な解釈（偶像崇拝の禁止）の結論として，世界遺産「バーミヤン」の石仏の破壊（2001年）が正当化された。

2 ライは，地元の伝統音楽にモロッコやエジプトの大衆音楽，アメリカン・ポップスなどを混合した新しい音楽ジャンルとして1970年代末から80年初めにオランの若者たちによって生まれた。ドラムやカスタネットなどのアラブ楽器とアコーディオン，トランペット，バイオリンなどの西欧楽器を併用する。ライとはアラビア語で意見（ra'y）を意味する言葉で，歌のテーマは男女の愛が中心であった。ライ音楽はイスラミストに敵視され，1994年10月に歌手シャッブ・ハスニーが，1995年2月には音楽プロデューサー，ラシード・バーバーが暗殺された。以後，多くのライ歌手が西欧に亡命した。

ホールもなく、かろうじて茶店とレストランがあるだけの殺風景な都市空間が広がる。街には、人びとに善行をしい、宗教倫理を監視する宗教警察が巡回している。

一九九〇～九一年、アルジェリアでは失業と低賃金であえいでいた青年・大衆はこぞってイスラーム政党FISに投票した。しかし経済の奇跡は起こらなかった。イスラミストは宗教の真正を主張し、若者たちの心をとらえていたライ音楽[2]を西欧文化の象徴として糾弾した。若者たちはフラストレーションを募らせ、イスラミストが創出する「イスラーム社会」の倦怠と退屈さに我慢しきれなかった。かくれて麻薬やアルコールの吸飲、売春もおこなわれていた。

イスラーム主義運動への失望

イスラミストたちは政治、経済、社会のあらゆる問題を国家指導者の腐敗・堕落、社会の不信仰、あるいは西欧の陰謀のせいにしてきた。都市の貧困青年層や中間階層はイスラミストを救世主として熱狂的に支持した。ところが貧困や失業を解決する魔法のイスラーム改革はなかったので多くの諸問題はそのまま残された。イスラーム革命に成功したイランですら、革命の功労者である都市の貧困青年たちは権力の中枢から排除されたばかりか、一九八〇～八八年のイラン・イラク戦争の兵士としてかり出

◀ライ歌手，シャッブ・ハスニー ライ音楽は，アルジェリア西部の都市，オランで生まれた。ハスニーもオランが活動拠点であった。

され、戦争の最大の犠牲者となった。かくして若者や女性たちはハータミーに代表される改革派の支持へと傾くようになった。他方でイスラーム主義運動は敵視したはずの西欧のモデルや文明（国際金融システム、衛星放送、インターネット）のグローバリゼーションの波に飲み込まれざるをえなかった。

イスラミストたちは、いったん権力を握ると、たがいに非難し合い、殺し合った。それはアフガニスタンでもスーダンでも同様であり、また権力奪取の直前で阻止されたアルジェリアの場合は、より悲惨であった。要するに彼らは内部の紛争を平穏かつ民主的に解決できずにたがいに憎悪と敵意を増殖させていったため、結局は彼らの支持層をつなぎとめることができなかったのである。

イスラーム主義運動が挫折した直接的要因を簡単に整理すれば、それはつぎの三つである。第一は、イスラーム国家の建設というユートピアをあまりに急ぎ過ぎたこと。アルジェリアのＦＩＳの場合も、エジプトのイスラーム団も大衆の支持をえたのち、イスラーム国家の建設を急ぐあまり、政治的プランや経済的プランの適用可能性を十分に検討しないまま、宗教的レトリックを優先したのである。第二は、権力の弾圧にたえ切れず、それとの直接対決に向かったこと。権力が圧倒的な武力によってさまざまな民衆運動、あるいは民主的改革を踏みにじるのはつねであり、これにたえて大衆の支持を保ち続けながら、粘り強い闘いを続けないかぎり、運動は成功しない。この点でアルジェリアのＦＩＳもエジプトのイスラーム団も、権力との直接的衝突から、暴力闘争に走ったことは大衆の支持を失う大きな原因となった。第三は、運動内部の多様な構成要素間の紛争・対立を平和的かつ民主的に解決する方法を見出せなかったことである。

第三の原因は運動内部に存在する矛盾ともかかわる問題である。イスラミストの大義が大衆の支持をえて、選挙によって勝利をおさめたのに、戦術や路線をめぐる内部対立が表面化しはじめ、一部はしだいに暴力的闘争へと走るようになった。その背景には体制による弾圧があったにせよ、政治闘争においては戦術や路線をめぐる内部対立を克服しないかぎり勝利はありえない。アルジェリアでもエジプトでも暴力は大衆蜂起に結びつかなかった。とくに、アフガニスタンから帰還したジハード体験者たちがテロリズムを開始したため、大衆は急速にイスラーム主義運動から遠ざかるようになった。敬虔《けいけん》な中間階層や穏健なイスラミストたちも、テロリズムの狂気を抑えられないどころか、彼ら自身もその標的にされていることに気づいた。イスラーム主義運動を支えた敬虔な中間層と都市の貧困青年層のあいだには、埋めがたい社会的な溝が存在していた。前者は学歴、社会的・経済的地位、西欧文化（英語やフランス語を含め）への親しみなどの点で、後者とは決定的に異なっていた。運動が悲惨なテロリズムに沈み始める前から、中間階層はイスラーム主義の政治的ロジックの危険性に気づき、それから離れつつあったのである。

ポスト・イスラーム主義の政治変容

アル・カーイダによるグローバル・テロリズムが世界の注目を集めている一方で、イスラーム諸国の政治体制は根本的に変容しつつあった。シャリーアにもとづく国家樹立をめざして闘ってきたイスラーム主義運動が挫折した今、宗教と政治は分離してそれぞれ独自の歩みを始めた。

中東・北アフリカのイスラーム諸国のなかで、もっとも厳格に政教分離体制を確立した国がトルコである。トルコの憲法ではラーイクリキ(政教分離)が明記され、政治に対する宗教の関与を厳しく制限している。ところがそのトルコで、イスラーム政党であるAKPが二〇〇二年の選挙に勝利し、政権を樹立したのである。トルコにイスラーム政党の政府ができたことは、実はポスト・イスラーム主義の到来を告げるものである。というのもこの政党は、シャリーアにもとづく国家を否定し、社会(個人)における宗教倫理の尊重を主張しつつも、政治と宗教の分離を原則として掲げているからである。他のイスラーム諸国でも同じような方向を歩む政党が出現した。モロッコでは、政教分離を原則とするイスラーム政党「公正開発党」が一九九七年に公認され、二〇〇二年選挙では四二議席

（第三党）、二〇〇七年選挙では四六議席（第二党）を獲得した。アルジェリアでも同様の政治的スタンスをとる国民改革運動や平和のための社会運動が公認のイスラーム政党として活動をしている。エジプトでは一九九六年、マーディーら若手ムスリム同胞団員が離脱し、政教分離を原則とするワサト党を結成した。イスラーム革命を達成したイランで、一九九七年に自由の拡大、欧米との対話、文明間の対話などを訴えた改革派のハータミー大統領が当選し、二〇〇〇年の国会議員選挙でも若者や女性層の圧倒的支持をえてハータミー派が圧勝したことも同じ潮流の変化によるものである。[3]

一九九〇年代後半、表の劇的な政治変容の背後にかくれてはいたが、社会内部でインターネットに代表される情報革命が進行していた。これが二〇一一年の「アラブの春」を準備する社会変容に結びつくのである。今日、アラブ・イスラーム諸国では、インターネット・カフェは都市のいたるところで見つけることができる。多様な思想、価値観、運動、組織などが自由にムスリム個人のなかに浸透し、交換されはじめた。二〇〇三年三月のアメリカによるイラク空爆の期間、アラブの青年や子どもたちはインターネット・カフェにかよい、国外のメディアから情報を入手していた。イスラミストが主張した「不浄なる世界」からイスラームを隔離し、大衆動員をはかることはもはや困難である。情報メディアの多元化と国境をこえた表現の自由が体制の強権政治にブレーキをかけ、また他者への寛

[3] インドネシアにおけるイスラーム政党の退潮も，ポスト・イスラーム主義の枠組みのなかで理解できる。イスラームを政治的イデオロギーとして採用する開発統一党の議席数は，2004年の58議席から37議席へと減少（2009年総選挙），イスラーム系政党の合計得票率も，1994年および2004年の約38％から約28％（2009年総選挙）にまで落ち込んだ。

容と相互理解への道を準備するかもしれない。都市の青年層たちによって、新しい情報メディアにアクセスしながら、外国文化の必要性と対話を主張する努力も始まっている。

このような「市民社会」的価値観はイスラーム主義にかわる新しいイデオロギーになりつつある。その中心的担い手は都市の青年層である。

ジャスミン革命の背景

二〇一〇年十二月十七日、チュニジア中南部の町スィディ・ブー・ズィードで野菜を売る露天商（実質的失業者）の青年ムハンマド・ブー・アズィズィーが抗議の焼身自殺をした。これを機に政府に対する抗議運動はうねりのようにチュニジア全土に広がり、ついに一一年一月十四日、ベン・アリー大統領[4]がサウディアラビアに亡命し、二三年間、維持されてきた強権的な独裁体制が崩壊した。

チュニジアは、外見は欧米に開かれた、自由で穏健なイメージを売ってきた。アラブ・イスラーム諸国のなかで、学校や政府役所などでのベール着用を禁じているのも、またポリガミー（夫が複数の妻をめとること）を憲法で禁じているのも、チュニジアだけである。識字率は七五％とアラブ諸国で一番高く、インターネットの普及率も三四・七％で、湾岸アラブの国を別にすればアラブ諸国のなかでもっとも高い国である（一〇三頁図1参照）。

4 ザイン・アービディーン，ベン・アリー（1936～　）。ハンマース・スースの生まれ。父親は沖仲士。地元の中学校を卒業後，ネオ・ドゥストゥール党の支部間連絡通信員として独立運動に参加。独立後，ブルギバ大統領の下で軍参謀本部にあって要職を歴任し，1987年，内務大臣と首相を兼務，同年11月7日，クーデタによりブルギバを失脚させ，大統領位についた。2011年1月14日，ジャスミン革命により権力の座を追われ，サウディアラビアに亡命した。

▲ムハンマド・ブー・アズィズィー
(1984年3月29日～2011年1月4日)

▲ブー・アズィズィーが抗議の焼身自殺をおこなった県庁舎前　「革命における最初の殉教者」とペンキで書かれてある。

▲ブー・アズィズィーの墓　墓碑にはシャヒード(殉教者)と書かれてある。

▶ベン・アリー　1987年11月7日，クーデタ(ブルギバが病気で政務を担えないという理由)によりブルギバから政権を奪った。

観光客は七〇〇万人強（二〇〇八年）と小国の割にはかなり多い。

　だが、その内実は極めて抑圧的な秘密国家体制であった。フランスのＮＧＯ「国境なき記者団」によれば、言論の自由・報道の自由度ランキング（二〇一〇年）では、チュニジアは一七八カ国中、一六四位である。サウディアラビアが一五七位、リビアが一六〇位、オマーンが一二四位というように、イメージ的にはチュニジアよりはるかに抑圧的・強権的な国々がチュニジアよりも自由なのである。逆にチュニジアの監視体制がいかに厳しいかがわかる。複数政党制をとり民主主義的な議会制度を採用しているようにみえるが、ベン・アリー大統領の与党ＲＣＤ（立憲民主連合）は党員一七五万人を擁し、下院（衆議院）二一四議席中、一六一議席を占めていた。

　ブルギバ政権期（一九五六〜八七）、国家は、唯一の合法政党ネオ・ドゥストゥール党（一九六四年ドゥストゥール社会主義党と改称）を全面的に使って「統制された市民意識」を育成する、という政治戦略を立てた。すなわちネオ・ドゥストゥール党員を、政府から地域社会の隅々に配置し、動員、教化、支援、人員募集の巨大組織に造り上げ、そのエネルギーを国家の発展につなげようとする戦略である。

　しかし党の内外では異議の申し立てを認めなかった。例えばブルギバと対立した党書記長サーリフ・ベンユースフが一九六一年暗殺され、市民の政治領域への参加は象徴的でし

▶ベン・アリーによるクーデタ１年前（1986年）**に発行された，ブルギバの肖像入り10ディーナール札**　当時は，ホテルや役所や学校など公的な施設のすべてにブルギバの写真が飾られていた。

かなかった。労働組合や利益団体なども動員力の源と考え、それを統制下においた。これらの諸団体が合法的な活動をおこなうためには内務省の許可が必要であり、さらにネオ・ドゥストゥール党の傘下におかれた。労働組合や利益団体などは国家と対抗関係にあるのではなく、国家の監視下におかれた。

だが一九七〇年代にはいると「統制された市民意識」が機能せず、中東・北アフリカで台頭しつつあったイスラーム主義の影響を受けて政治的自由を求める声が高まった。一九七八年一月には「暗い木曜日事件」[5]が起こり、イスラーム主義運動が高揚した。一九八〇年には複数政党が導入され、三野党が合法化されたが、体制批判を認める市民社会が育っていなかったこと、メディアの規制、党指導の圧力、選挙制度の不備(比例代表制でなく単純小選挙区で死票が多く野党は育たず)などにより改革は進まなかった。

一九八七年クーデタにより政権を奪取したベン・アリーは、市民的権利を認める発言をし、市民社会の発展に期待をいだかせた。ドゥストゥール社会主義党をRCDと改称し、市民が政治参加できる改革も議論された。しかし、そうした改革案はまもなく放棄され、ドゥストゥール社会主義党の動員構造と抑圧システムが継承、発展することになった。

一九九三年、団体・結社の登録数は五一〇〇以上[6](一九八八年当時よりも三三〇〇増加)であったが、異議申し立ての制度・精神が認められていなかった状況では、反政府、反体制

5　1978年1月26日，パンなどの物価騰貴に対し，UGTT(チュニジア労働者総同盟)がチュニジア全土で起こした食糧暴動。イスラーム主義者が大きな役割をはたした。死者130人以上。このの ち UGTTは非合法化された。

6　文化・芸術系3171，スポーツ822，慈善活動509，友愛400，開発126，学術115，一般41，女性問題2。他のアラブ諸国のNGOも程度の差はあっても，事実上政府の統制下におかれた。

の活動はすぐに弾圧された。イスラーム勢力を排除したあとは、人権・市民運動の弾圧強化に乗り出し、団体・結社の国家からの自立性は欠落したままであった。

市民社会の理論によれば、経済が自由化・民営化され、国家の統制から離れれば、国家の対抗勢力となり市民社会は活発になる。だがチュニジアの場合、この考えがあてはまらなかった。一九八六年以降、構造調整プログラムにより、経済の自由化・民営化が推進されたが、民間資本家たちは国家による関税保護や、税の優遇措置、助成システムに依存し、国家と結合していった。したがって、経済の自由化・民営化は国家の対抗勢力を育成する力にならなかった。

こうしてベン・アリー体制下では、言論・出版・結社の自由への介入が強化され、国家エリートは既得権益を守ろうとして市民的自由の拡大に反対し、イスラーム急進派の台頭阻止を口実にした市民社会への弾圧がおこなわれた。市民的自由は著しく抑圧され、人間としての自由や尊厳が凌辱《りょうじょく》されてきたのである。

二〇一一年一月、地方から首都チュニスにやって来た人びとは「Qafila al-karama wa al-hurriya」というプラカードを掲げていた。尊厳と自由のキャラバン隊という意味である。この政変の新しさ、革命性は、たんにパンを求める抗議行動ではなく、尊厳(karama)と自由(hurriya)を求める根源的思想を問うたことにある。チュニジア革命の影響は、程

7　アルジェリアにおけるホグラ問題はこの問題のことである。ホグラとはアラビア語アルジェリア方言で「侮辱や不正」を意味し，権力(官僚・軍・警察など)の国民(民衆)に対する態度をさす。具体的には街中での公然たる権利侵害や役所の不公正(コネがないと相手にされないシステム)など幅広い概念である。ホグラは1988年の十月暴動における若者たちの抗議のスローガンであったし，現在でもホグラはアルジェリア社会全体にはびこっている。いま，アラブ世界全体に広がっている抗議運動の根源に，ホグラ問題と共通する問題がある。

8　市民社会論の研究をおこなっていたカイロのイブン・ハルドゥーン研究センターの所長サアアッディーン・イブラーヒームが2000年に逮捕され(2003年釈放)，事務所が閉鎖されたのが典型的な例である。

度の差はあるが、エジプト、イエメン、ヨルダン、リビア、モロッコ、サウディアラビアなどアラブ諸国全体に広がっている。絶望的な青年たちは職もなく、生きるために必要なパンや油など日常の食料品が入手できず、思想や表現の自由が制限され、権力者たちの腐敗や汚職を黙認するしかない。彼らの焼身自殺は、独裁体制によって人間としての尊厳を凌辱され、自由を奪われた国民大衆の怒りの意志表示なのである。[7]

「青年」「脱イデオロギー・脱宗教」「インターネット」

一九八〇年代の東欧での民主化の波は、八〇年代末から市民社会論についての議論を、東欧から中東やアフリカ地域にまで拡大した。真に民主化が実現するためには、国家と個人のあいだに豊かな「市民社会」が育たねばならない、というのが考えの基本であり、多くの研究者がいわゆるＮＧＯ活動に注目したのである。だが、雨後のタケノコのように出現した多数のＮＧＯは事実上、国家統制下におかれ、非政府組織ではなく、国家から自立的な活動をしようとする組織は弾圧・非合法下におかれた。[8]「アラブの春」では、ツイッターやフェイスブックなどの影響力が指摘されている。だからこそエジプト政府は、イン

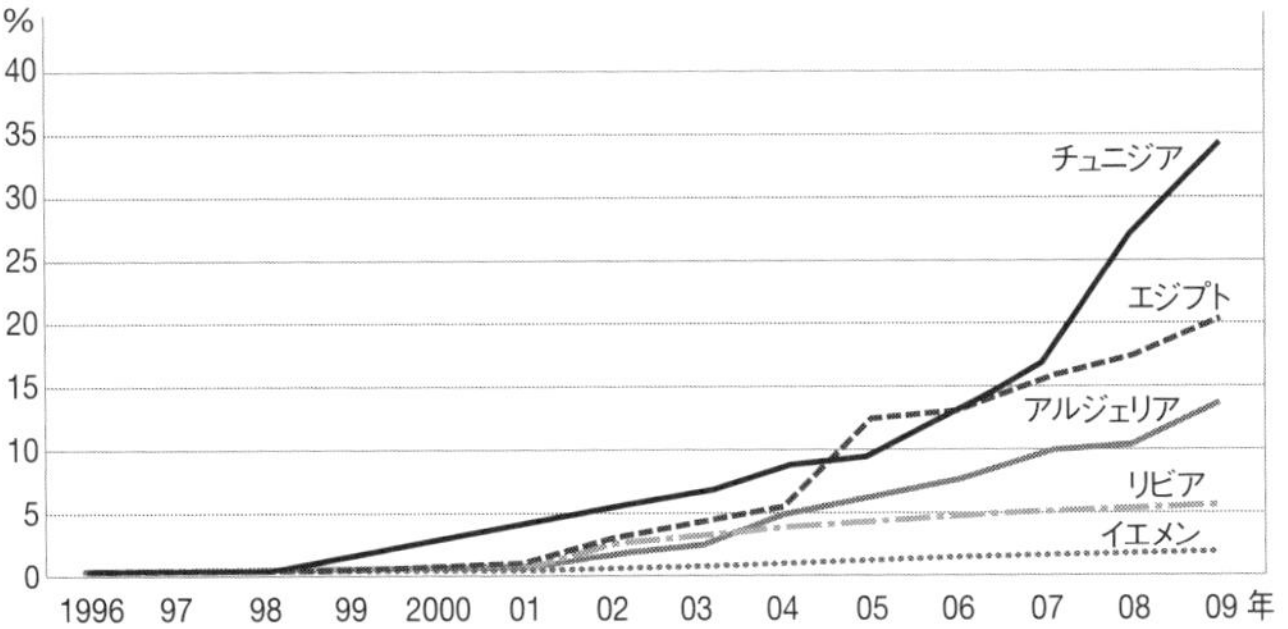

図１　アラブ諸国のインターネット普及率
（出典：世界銀行のデータをもとに筆者作成。http://data.worldbank.org/indicator/IT.CELSETS.P2/countries）

ターネットを遮断するという手段をとったのである。これは、逆にインターネットをつうじて多くの社会(コミュニティ)が形成されていた証拠だろう。この社会はネット上なので国家の取り締まりが困難なだけでなく、情報交換のスピードはとてつもなく速い。インターネットをつうじて形成された「市民社会」が国家に対抗しうる力を発揮したといえよう。[9]

これまで中東の大衆運動といえば、左翼の政党かイスラーム勢力であったが、チュニジアでもエジプトでも、革命が高揚・発展する段階では既存の政党やイスラーム勢力はほとんど表にでられなかった。政治変革の担い手は、一九八〇年代末の東欧と同じように、脱イデオロギー、脱宗教の市民である。その意味でも中東にとってまったく新しい運動である。

二〇一一年二月十一日、三〇年間、独裁体制を維持してきたエジプトのムバラク大統領[10]がついに辞任した。全世界の人びとが固唾《かたず》をのんで成り行きに注目してきたできごとである。一月二十五日の「怒りの日」のデモでは経済的要求が支配的であったが、二十八日のデモでは明らかに体制変革をめざすようになった。その担い手は若者たちであった。既成の組織や団体やイデオロギーは力をもたず、むしろ陰にかくれるしかなかった。ムバラク政権の崩壊は、今まで政治の世界とは無縁だった若者たちがネット社会の力を使って起こした反逆の革命である。

[9] 2011年のアラブ政変では，携帯電話の普及率の向上だけでなく，機能の発達により画像が簡単に撮影，送受信できたことが大きな役割をはたしたといわれる(P.106図2参照)。

[10] ムハンマド・ホスニー・ムバラク(1928～　)は，ナイルデルタのムヌーフィーヤ県の小村の生まれ。小地主の家に生まれ，1950年陸軍士官学校を卒業。軍の要職を歴任，とくに1973年の第4次中東戦争で功績をあげた。75年副大統領に就任し，81年サダトの暗殺後，大統領に就任した。2011年2月11日，エジプト民衆革命により，失脚。

[11] 2010年下院議会(人民議会)選挙で，NDPは508議席中，420議席を占めた。

[12] ムスリム同胞団がつくった自由公正党も若手の同胞団員が主導しているといわれるが，さらに世俗派市民運動との連携をめざした同胞団改革派の若手は同胞団から脱退し，2011年6月末，エジプト現代党を結党した。

ムバラク体制を支えたＮＤＰ（国民民主党）[11]と軍は直接的な旧勢力である。ムスリム同胞団（イスラーム勢力）は、体制が呼びかけた野党との対話（二月五日）にこたえた。組織の実権を握る同胞団の旧世代は、取引となれ合い政治に反応したのである。したがって若手の同胞団員が市民運動の勢力と同調する動き[12]をみせているのは、従来の取引やなれあいに対する拒否反応である。

エジプト民衆革命とチュニジア「ジャスミン革命」は共通の構造的背景をもっている。どちらの革命も、「青年」「脱イデオロギー・脱宗教」「インターネット」の三つの原動力によって起こされたものである。中東政治はまったくの未知の世界へと歩み始めたのである。

アラブ・ナショナリズム精神の復活

チュニジアでもエジプトでも、デモや集会で人びとの心をとらえたのはイスラームの宗教メッセージではなかった。ナショナリズム的スローガンであった。それが人びとを一致団結させる力になった。純粋な愛国心に魂がゆさぶられたのである。チュニジアの独立の父・初代大統領ブルギバと一緒に独立運動を闘ったハッシャードというナショナリストが、フランス軍に銃殺さ

▲**ムハンマド・ホスニー・ムバラク**

▲**カイロのオクトーバー・シティに立つ４人の像**　革命後，ムバラク像（左端）は破壊された。ノーベル賞作家のナギーブ・マフフーズ像（右端）は無傷である。なお，右から２番目はサダト元大統領，左から２番目はアフマド・ズウェイル（ノーベル化学賞受賞者）の像である。

れる前に残した詩がある。

「ヤー・シャアブ！　アナ・ウヒッブカ（やあ民衆よ！　私は君を愛す）」

チュニジアのデモでは、この言葉がプラカードに掲げられた。この言葉が、突然現代によみがえった。国が腐敗する前の、希望に燃えたナショナリズムを取りもどそうという心が、いまの若者にも響いたのである。

エジプトでも同じことが起きた。タハリール広場でのデモには、「イルファア・ラアスカ・フォ、エンタ・マスリー（お前の頭を上げよ、お前はエジプト人だ）」という言葉が掲げられ、叫ばれた。民族の独立のために闘ったナショナリスト指導者は、独立後は国民の自由や尊厳を奪う抑圧者に変貌してしまった。栄光の輝き、誇りに満ちた時代を取りもどそうということである。

パレスティナ人女性、ヤスミーン・エル・ホダリーは革命によって復活したアラブ人の誇りをつぎのように述べている。

「記録せよ、私はアラブ人だ」

　アラブ人としてのアイデンティティーなんて、ナセルとともに葬られてしまったと思っていた。……パレスティナ問題はパレスティナ人だけの問題なのだと、私たちは教えられてきた。なぜならアラブ人はそんなものに

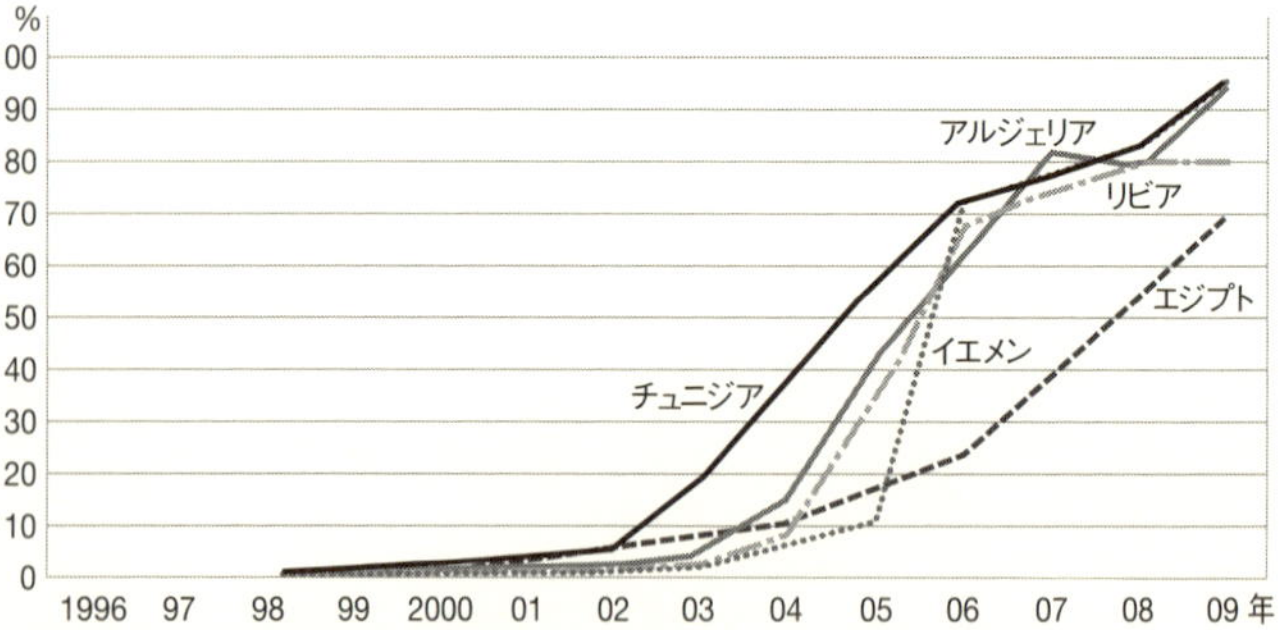

図2　アラブ諸国における携帯電話の普及率（100人あたりの台数）
（出典：世界銀行のデータをもとに筆者作成。http://data.worldbank.org/indicator/IT.NET.USER）

対する関心をとうの昔に失ってしまったのだから、と。パレスティナ人以外のアラブ人が私たちに連帯しても、私たちは心を動かされなかった。物心ついた頃から、アラブ人は大義など売り渡してしまったのだと教えられてきたのだから。そんなことはないと反駁《はんばく》する根拠もなかった。……自分のアイデンティティーについて述べるときは、「アラブ人」というのは脇においておいた。アラブ人にも、吐き気がするような利己心と貪欲さと欺瞞《ぎまん》によって私たちの崇高な大義を裏切ったパレスティナ人の党派にも政治家にも、何の信仰も抱かなかった。でも、突然、それはやってきた。まるでツナミのように、希望と正義と自由が。そして、私のなかのアラブ人に息吹を吹き込んだ。

……

チュニジアのジャスミン革命もエジプトの一月二十五日革命も、そしてリビアでイエメンでバハーレーンで進行中の革命も、真実のアラブの覚醒。なぜなら、人民によって導かれている人民の革命だから。ありがとう、チュニジア、エジプト、リビア。私のアラブ人としてのアイデンティティーを蘇らせてくれて。ありがとう、誇り高きアラブ人とはどのようなものかについて私に教えてくれて。ありがとう、あなたたちのおかげで、アラブ人として頭を

▲▶エジプト国旗を振る青年たち　エジプトでもチュニジアでもナショナリズムの象徴として国旗が重要な役割をはたした(カイロの警察アカデミー前, 2011年8月)。

Column #04

タハリール広場の歴史

ムハンマド・アリー朝の総督ヘディーブ・イスマーイールは（在任一八六三〜七九）、青年期をパリで過ごしたが、パリの美しさにすっかり魅了され、カイロを第二のパリ、東洋のパリにしようとし、パリの都市計画者として有名なジョルジュ・オスマン（一八〇九〜九一）に設計を依頼した。オスマンは、まずパリのエトワール広場（現在のシャルル・ド・ゴール広場）にならい、中心にイスマーイリーヤ広場を設計した。のちのタハリール広場である。ここから大通りが放射状に広がるように計画された。

通りは馬車が走り、街灯がともされ、まさにパリそのものであった。イスマーイリーヤ広場周辺には庭園が広がり、高級軍人や富裕者の邸宅が建てられた。一八六三年に博物館の建設も計画され、一九〇二年に広場の一角にエジプト博物館が竣工した。今日、ツタンカーメン王の黄金の棺を所蔵する博物館として有名である。

一八七二年、広場から伸びるカスル・ニール通りのナイル川に橋（カスル・アン・ニール橋。タハリール橋とも呼ばれる）が建設されたことから、史料ではクブリー（橋）広場と記述されることもあった。その後、一九三三年、橋の改修工事のあと、イスマーイリーヤ広場はヘディーブ・イスマーイール広場と変更された。

第一次世界大戦後、エジプトの民族運動の高まりとともに、広場は民族運動や独立闘争

◀**1875年頃の橋とライオン像**　カスル・アン・ニール橋の両端に1875年，4頭のライオンの像がおかれた。なお1953年，行政の近代化に対応するため，広場に巨大な合同庁舎(ムガンマア)が建設された。

の拠点になった。一九三五年十一月、学生たちが、カイロ大学からヘディーブ・イスマーイール広場へ、「ヤー、エジプトよ、われわれはあなたのために捧げます」「植民地支配を打倒せよ！」と叫びつつ、デモ行進をおこなった。イギリスの植民地支配に対する抗議デモは、四六年二月、さらに五一年十一月にも広場を拠点に起こった。

一九五二年七月、ナセルを中心とした自由将校団はクーデタにより王制を打倒すると、新聞は広場を自由広場(メイダーン・フッリーヤ)と呼び始めたが、翌五三年一月、蜂起六カ月後の祝典に際し、解放広場(メイダーン・タハリール)と正式に改称された。ごくまれであるが、広場の下の地下鉄駅名サダト駅から、サダト広場と呼ばれることもある。

二〇一一年一月二十五日、エジプトのタハリール広場には、数万の人が集まり、さらに数万(あるいは数十万人)の人びとがタハリール広場をめざした。その後も大規模なデモや集会が広場を拠点におこなわれ、ついに二月十一日、ムバラク大統領を退陣に追い込んだ。文字通り、広場は解放(タハリール)の広場になったのである。

高くあげることができる。[13]

それではチュニジアでもエジプトでもなぜこの時期にナショナリズムなのか。西欧の植民地支配と戦い、民族を解放し、アイデンティティーを形成するうえでアラブ・ナショナリズムは大きな力であった。その指導者たちが独立後の国家指導者になった。独立後、国民は、彼らに、民族の植民地支配からの完全な独立（政治的・経済的・文化的）、自由、尊厳、誇りなどを構築する指導者として期待した。だが、期待は完全に裏切られた。国家指導者たちは、ナショナリズムが燃えさかったときの希望を忘れ、国民の自由と尊厳と誇りを抑圧する独裁者——しかも腐敗と汚職にまみれた——になりさがったのである。アラブの政変で、自由と尊厳と誇りが叫ばれたのは、本来のナショナリズムを回復しようとする意志のあらわれといえよう。[14]

ポスト・イスラーム主義の申し子 「アラブの春」

二〇一一年、チュニジア、エジプト、リビアの独裁政権が倒れた。「ジャスミン革命」の影響はさらにイエメン、シリア、モロッコ、パレスティナ[15]にもおよんでいる。

しかしこうした変革が一九九〇年代のイスラーム主義の急進化、ウサーマ・ビン・ラーディンとアル・カーイダの登場、「九・一一」テロ事件、ビン・ラーディンの死などとつ

[13] 岡真理「革命は始まったばかりだ」『現代思想（4 臨時増刊号・アラブ革命）』第 39 巻第 4 号（2011 年 3 月），37 頁。

[14] カイロのタハリール広場に集まった人たちが，ワタニーヤ（祖国愛）という言葉を発していたことも同じ文脈で理解される。また 2011 年のアラブ政変ではどこの国でも国旗を翻らせたこともナショナリズムの表現と考えられる。

[15] 2011 年 9 月 23 日，パレスティナが国連に加盟申請をおこなった。パレスティナ自治政府議長アッバース氏は国連総会で「アラブの春」に続く，「パレスティナの春」の到来を訴えた。

ながった論理展開のなかで起きたできごとであることを見落としてはならない。

イスラーム主義運動は、一九七〇年代から宗教にもとづく国家建設を主張して勢力を拡大したが、一九九〇年代後半には、テロリズムの嵐に巻き込まれ(もっとも象徴的なのは一九九七年十一月ルクソール事件。三四頁コラム参照)、大衆運動の基盤を失っていった。これは、理性主義と政教分離を土台とする西欧近代の思想に対する、イスラーム主義運動の挑戦の限界を明らかにしたのではなかろうか。

その後中東に基盤を失ったイスラーム主義運動は迷走しはじめる。闘争の拠点は、アフガニスタンやサハラ砂漠などの周辺のイスラーム地域や欧米の非イスラーム世界に移動した。その主役に躍り出たのがビン・ラーディンであり、アル・カーイダである。大衆的基盤も具体的な国家像や社会像ももたない彼らは、グローバルな混乱状況の創出と「想像の共同体」の建設をめざすしかなく、したがってテロは権力者だけでなく、一般市民をも対象としはじめた。こうして「九・一一」テロ事件が起こり(二〇〇一年九月十一日)、主謀者であるビン・ラーディンが追撃、殺害(二〇一一年五月一日)された。

しかし、一九九〇年代にイスラーム主義運動が急進化、挫折へと向かいつつある一方で、イスラーム社会内部には青年たちを中心に新しい価値観が育ちつつあった。それは、宗教でも、社会主義でもない。独立後の独裁体制によって、人間としての尊厳を凌辱され、抗議の自由を奪われた国民大衆の怒りと、イスラーム主義に託したが結局はテロリズムと非現実の観念論に陥った失望感のあとに、若者たちが選びとった価値観、すなわち人間としての自由・尊厳・誇り・自信なのである。その潮流が、二〇一一年、アラブ民衆革命をひき起こす原動力であった。

さて、本書をまとめることにしよう。革命後、一年余しかたってない段階では状況が流動的であり、結論を急ぎ過ぎとのそしりを招くかもしれないが、これまでの考察からつぎのような見とおしをもっている。革命後の国会議員選挙で、チュニジア(ナフダ党)でも、エジプト(自由公正党)でも、さらにモロッコ(公正開発党)でもイスラーム政党が第一党の地位をえたことから、この政変をイスラーム主義の勝利とみる向きもある。[16] だが、これらのイスラーム政党はいずれも、トルコのAKPと同様に、シャリーアにもとづく国家という理念を否定しているのである。社会運動組織としてのムスリム同胞団はシャリーアにもとづく政治体制という原理を放棄しないが、現実の政治はそれでは動かない(イスラーム主義に内在する矛盾)ということは、歴史体験から明らかにされた。したがって、これらのイスラーム政党がよって立つ原理は、政治と宗教のたがいの自立(反宗教ではない)であり、その志向はいわばイスラーム的ナショナリズムである。イスラーム主義運動とは本質的に異なっているのである。

[16] チュニジアでもエジプトでも，旧政権下では政権を脅かす政党を認めず，実質的野党は育っていなかった。唯一の実質的な野党が非合法下におかれていたイスラーム勢力であったのでそのようなイスラーム勢力がつくった政党が旧与党の代替になるのは当然であった。必ずしもイスラームが支持されたわけではないと思われる。

▲チュニジア中部の都市，スースの壁の落書き　自由(フッリーヤ)，祖国(ワタン)，チュニジアなどの語が書かれてある。

▶スィディ・ブー・ズィードの落書き　「われわれに自由を。……われわれは，尊厳(karama)を欲する」とある。

◀カイロのローダ島にある自由公正党の本部　以前，ここにムスリム同胞団の事務所がおかれていた。

二〇一一年のアラブ革命は、イスラーム主義運動に内在する、宗教の過度の政治化と、宗教と国家の一体化の矛盾を明らかにした。もちろん、革命にともなう政治・社会変革は、一気には進まず、後退をしたかのようにジグザグに進むかもしれない。必ずしも論証が十分ではなく、異論があることを認めたうえではあるが、本書の趣旨にそうならば、以下のようにいえよう。一九八〇年代以降の世界史において注目されてきた、シャリーア(イスラーム法)を土台にした国家建設をめざすイスラーム主義運動も、アル・カーイダのグローバルな「想像のウンマ」を志向する闘いも、主役の舞台からおりた。「アラブの春」はポスト・イスラーム主義の申し子である。

参考文献

エスポズィート、ジョン・L（塩尻和子・杉山香織監訳）『グローバル・テロリズムとイスラーム』明石書店　二〇〇四年
私市正年『北アフリカ・イスラーム主義運動の歴史』白水社　二〇〇四年
私市正年『アルジェリアを知るための62章』明石書店　二〇〇九年
ケペル、ジル（中島ひかる訳）『宗教の復讐』晶文社　一九九二年
小泉洋一「トルコ憲法における政教分離と民主主義――政教分離とイスラム主義政党」『甲南法学』四四巻一・二号　二〇〇三年
小杉泰（編）『イスラームに何がおきているか』平凡社　一九九六年（増補版　二〇〇一年）
澤江史子『現代トルコの民主政治とイスラーム』ナカニシヤ出版　二〇〇五年
白岩良「エジプト――〈イスラーム集団〉の戦い」『中東研究』三八四　一九九三年
田中宇『タリバン』（光文社新書）光文社　二〇〇一年
長沢栄治『エジプト革命』（平凡社新書）平凡社　二〇一二年
中田考『ビンラディンの論理』（小学館文庫）小学館　二〇〇二年
保坂修司『新版オサマ・ビンラディンの生涯と聖戦』朝日新聞社　二〇一一年
八木久美子『グローバル化とイスラム――エジプトの「俗人」説教師たち』世界思想社　二〇一一年
横田貴之『原理主義の潮流――ムスリム同胞団』（イスラームを知る10）山川出版社　二〇〇九年

ラシュディ、サルマン（五十嵐一訳）『悪魔の詩』上・下巻　新泉社　一九九〇年

Bayat, Asef, “The coming of a Post-Islamist Society”, *Critique*, no.9 (University of Hamline, Minnesota, Fall 1996), pp.43-52.

Bayat, Asef, *Making Islam Democratic*, Stanford, Stanford University, 2007.

Burgat, François, *Face to Face with Political Islam*, London & New York, I.B.Tauris, 2005.

Burgat, François, *L'islamisme à l'heure d'Al-Qaida*, Paris, La découverte, 2005.

Camau, Michel & Geisser Vincent, *Le syndrome autoritaire: Politique en Tunisie de Bourguiba à Ben Ali*, Paris, Presses de sciences PO, 2003.

Dekmejian, R. Hrair, *Islam in Revolution: Fundamentalism in the Arab World*, 2nd ed., New York: Syracuse University Press, 1995.

Etienne, Bruno, *L'islamisme radical*, Paris, Hachette, 1987.

Mouakit, Mohammed, “L'horizon du post-islamisme dans la pensée de Laroui et d'Al-Jabri”, *NAQD*(Alger), 11(1998).

Moussalli, Ahmad, S., *Historical Dictionary of Islamic fundamentalist Movements in the Arab World, Iran and Turkey*, Lanham, The Scarecrow Press, 1999.

Nesroulah, Yous, *Qui a tué à Bentalha?*, Paris, La découverte, 2000.

Roy, Olivier, *The Failure of Political Islam*, London & New York, I. B. Tauris, 1994.

Roy, Olivier & Haenni Patrick (éd.), “Le post-islamisme”, *Revue des mondes musulmans et de la Méditerranée, 85-86*, Aix-en-Provence, 1999.

Roy, Olivier, *L'Islam mondialisé*, Paris, Editions du Seuil, 2002.

Roy, Olivier, *Globalized Islam*, New York, Columbia University Press, 2004.

Rouadjia, Ahmed, *Les frères et la mosquée*, Karthala, Paris, 1990.

William Hale and Ergun Özbudun(eds.), *Islamism, Democracy and Liberalism in Turkey: The Case of the AKP*, Abingdon, Oxon, Routledge, 2010.

図版出典一覧

飯山陽氏提供	*107*右, *107*左
新泉社	*17*右
著者撮影	*37, 45, 55*上右, *55*上左, *55*中右, *55*中央, *55*中左, *55*下, *70*右, *70*左, *99*中右, *99*中左, *113*上, *113*中, *113*下
著者提供	*39*上, *39*下, *40, 100*
登利谷正人氏提供	*81*右, *81*左
福永浩一氏提供	*29*
三代川寛子氏提供	*105*右
ユニフォトプレス	口絵*1*, 口絵*2*上, 口絵*3*上
AFP	口絵*4*
AFP=時事	口絵*2*下
EPA=時事	口絵*3*下
Sherif Assaf, Omar Attia et.al., *The Road to Tahrir*：*Front Line Images by Six Young Egyptian Photographers*, American University, Cairo, 2011, p.86.	*105*左
Rachid Benyoub, *L'Annuaire politique de l'Algérie 2002*, ANEP, Alger, p.44.	*47*右, *47*左
Muhammad Buzina, *Mashahir al-tunisiyyna*, Dar siras lil-nashr, 1992, p.46.	*99*下
Edition Santana, Oran（CD表紙）	*93*
Mabruk Mansur Hamady, *Thawra Muhammad al-Bu'azizi wa Jil al-fays book*, Sotepa Graphic, 2011, 表紙	*99*上
Ahmad Kamali, *Maydan al-Tahrir*, Cairo, Ayyam Misriyya, 2011, p.21.	*109*
Amr Khaled, *Successors of the Prophet*, Cairo, Egypt Renaissance for printing, publishing and Distribution, 2010, 表紙	*72*右
John Kiser, *Passion pour L'Algérie: Les Moines de Tibhirine*, Nouvelle Cité, Clamecy, 2010, 表紙	*57*
Salman Rushdie, *The Satanic Verses*, New York, Viking, 1989.	*17*左
Nasr H. Abu Zayd, *Mijn Leven met de Islam*, Becht, Haarlem, 2002, 表紙	*72*左

私市正年（きさいち まさとし）

1948年生まれ。

北海道大学文学部（西洋史学）卒，東京都立大学経済学部中退，中央大学大学院（東洋史学）博士課程修了。博士（史学）。

専攻，アルジェリアを中心にした北アフリカ・イスラーム主義運動，アラブ民衆史の研究。

現在，上智大学外国語学部教授。

主要著作：『サハラが結ぶ南北交流』（山川出版社，2004），『北アフリカ・イスラーム主義運動の歴史』（白水社，2004），『マグリブ中世社会とイスラーム聖者崇拝』（山川出版社，2009），『アルジェリアを知るための62章』（明石書店，2009）

イスラームを知る11

原理主義《げんりしゅぎ》の終焉《しゅうえん》か　ポスト・イスラーム主義論《しゅぎろん》

2012年4月25日　1版1刷印刷
2012年4月30日　1版1刷発行

著者：私市正年《きさいちまさとし》

監修：NIHU（人間文化研究機構）プログラム
イスラーム地域研究

発行者：野澤伸平

発行所：株式会社 山川出版社

〒101-0047　東京都千代田区内神田１-13-13
電話　03-3293-8131（営業）8134（編集）
http://www.yamakawa.co.jp/
振替　00120-9-43993

印刷所：株式会社 プロスト

製本所：株式会社 手塚製本所

装幀者：菊地信義

 ISBN978-4-634-47471-0